T0258211

DEPRESIÓN o VICTORIA

RESERVOIR BOOKS

DEPRESIÓN o VICTORIA

Crónica de una batalla

meritxell duran

RESERVOIR BOOKS

Dedicado a mi familia y al Ramis con todo mi amor

Dibujar mirándome hacia dentro ha sido lo más difícil que he hecho en mi vida.

Hay un pequeño infierno cruel que todos llevamos dentro. Algunos humanos lo tienen inoperante, mínimo y desactivado, por suerte para ellos.

Para otros, es un sombrío vertedero de emociones y venenos al que asomarse es un ejercicio tan terrible como necesario.

Un viaje al profundo oscuro, para después ver la luz.

Ella puede ser cualquiera de nosotros.

Todos, finalmente, también somos ella.

1

Aterricé en un planeta llamado Tierra.

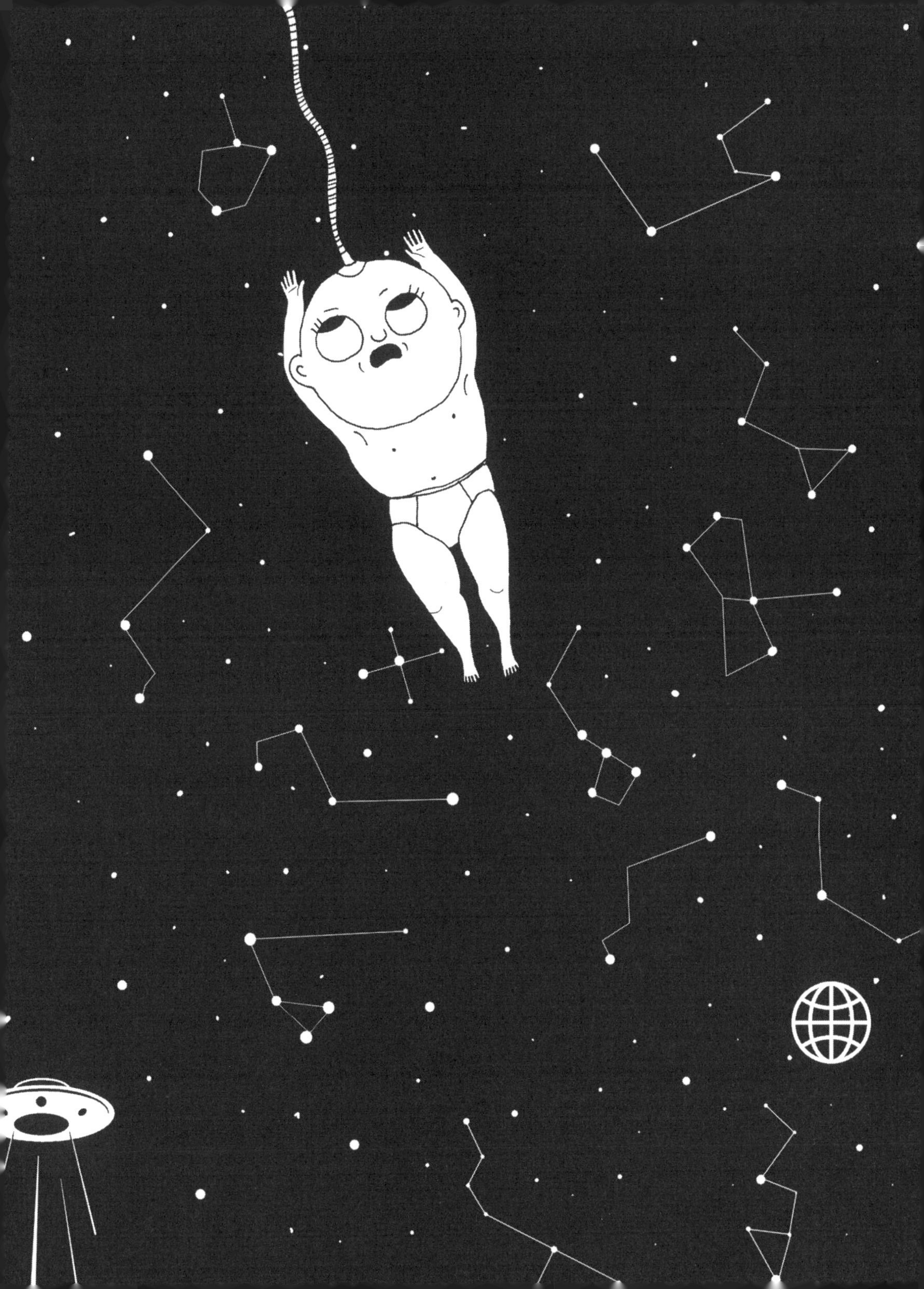

Creo recordar vagamente que me sentía asustada.

(**Susto:** *Impresión causada por sorpresa o miedo.*)

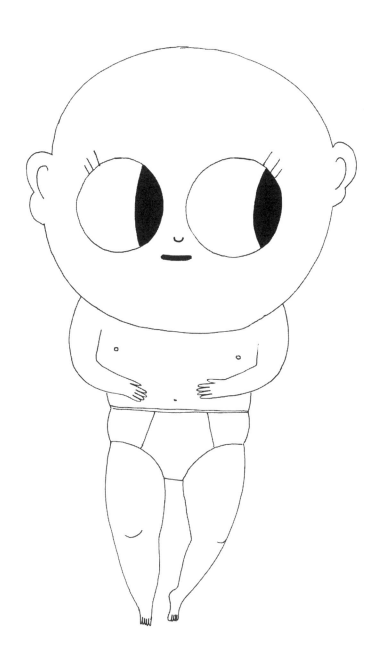

Había otros niños. Asustados también.

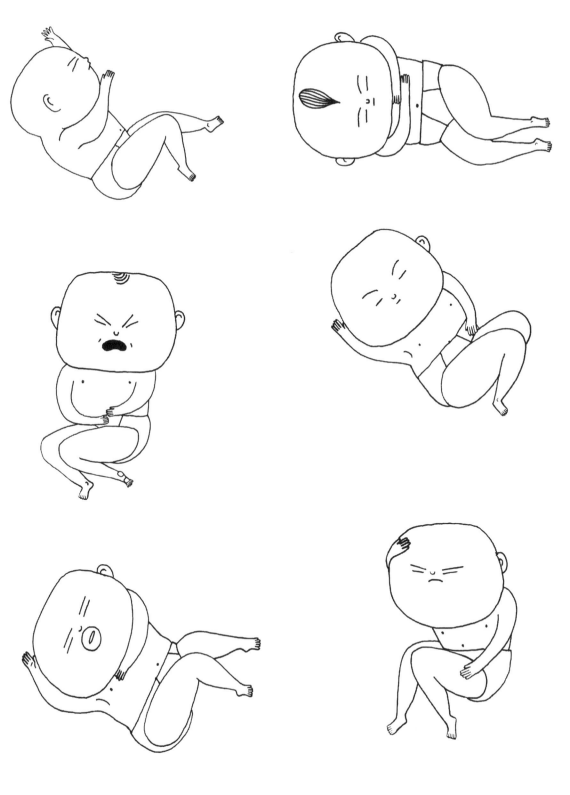

Desperté en una bonita familia. Al principio todo era amor, besos y babas.

*(**Amor:** Sentimiento de vivo afecto e inclinación hacia otra persona.)*

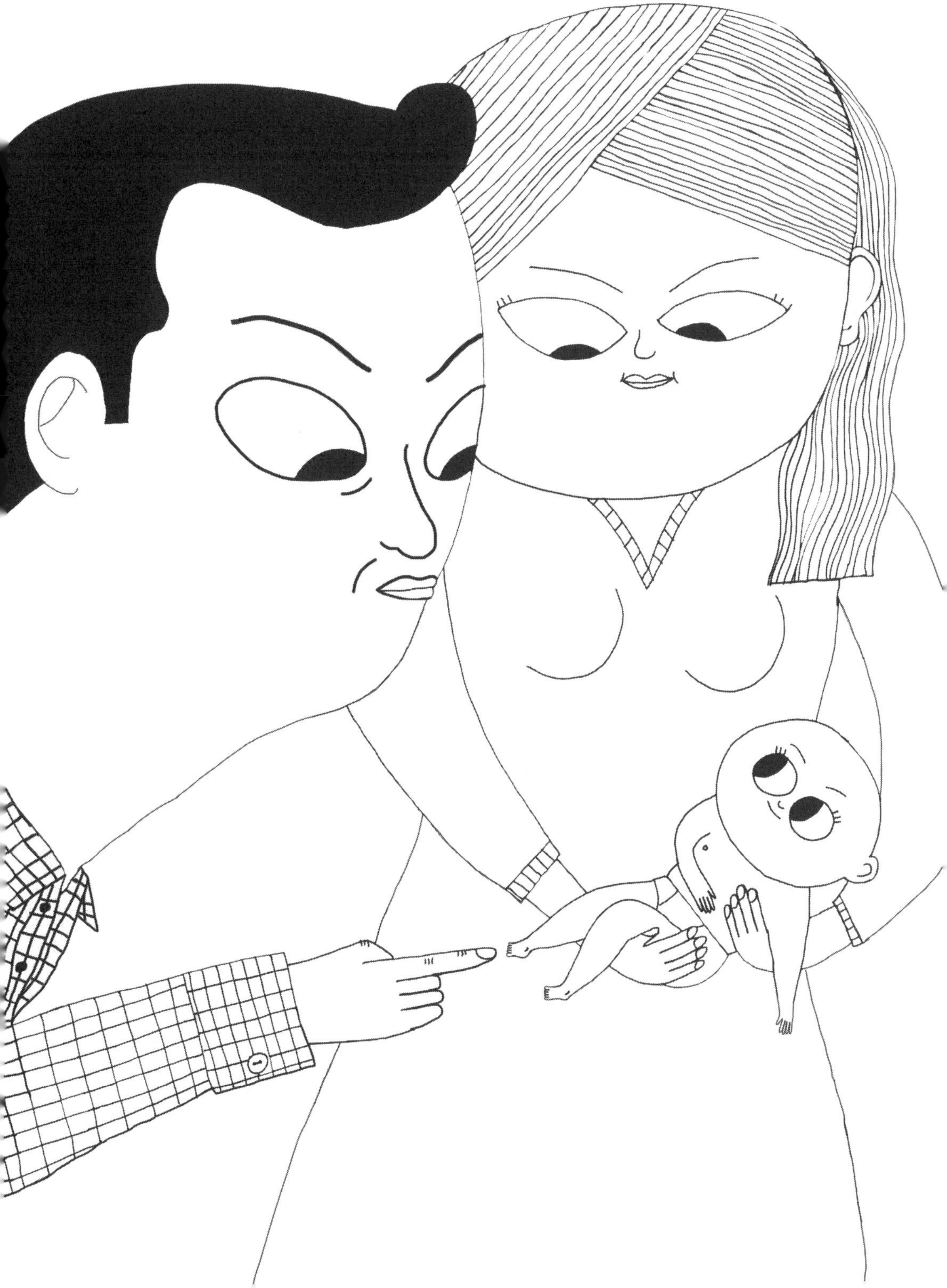

Me gustaba aprender.

(**Aprendizaje:** Adquisición de conocimiento de algo por medio del estudio, el ejercicio o la experiencia.)

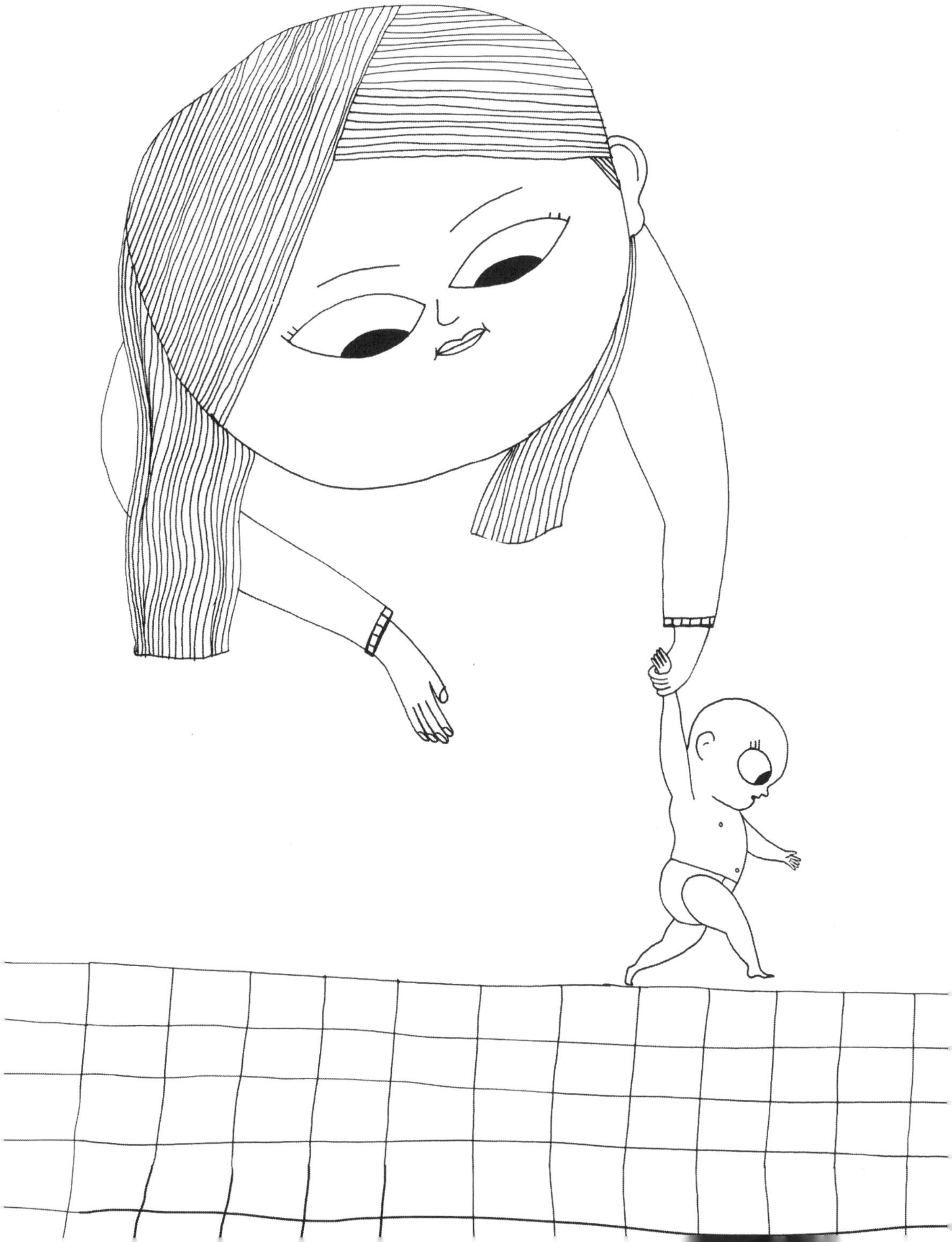

Y explorar las posibilidades que me ofrecía el mundo.

*(**Explorar:** Reconocer minuciosamente un lugar, una persona o una cosa para descubrir algo.)*

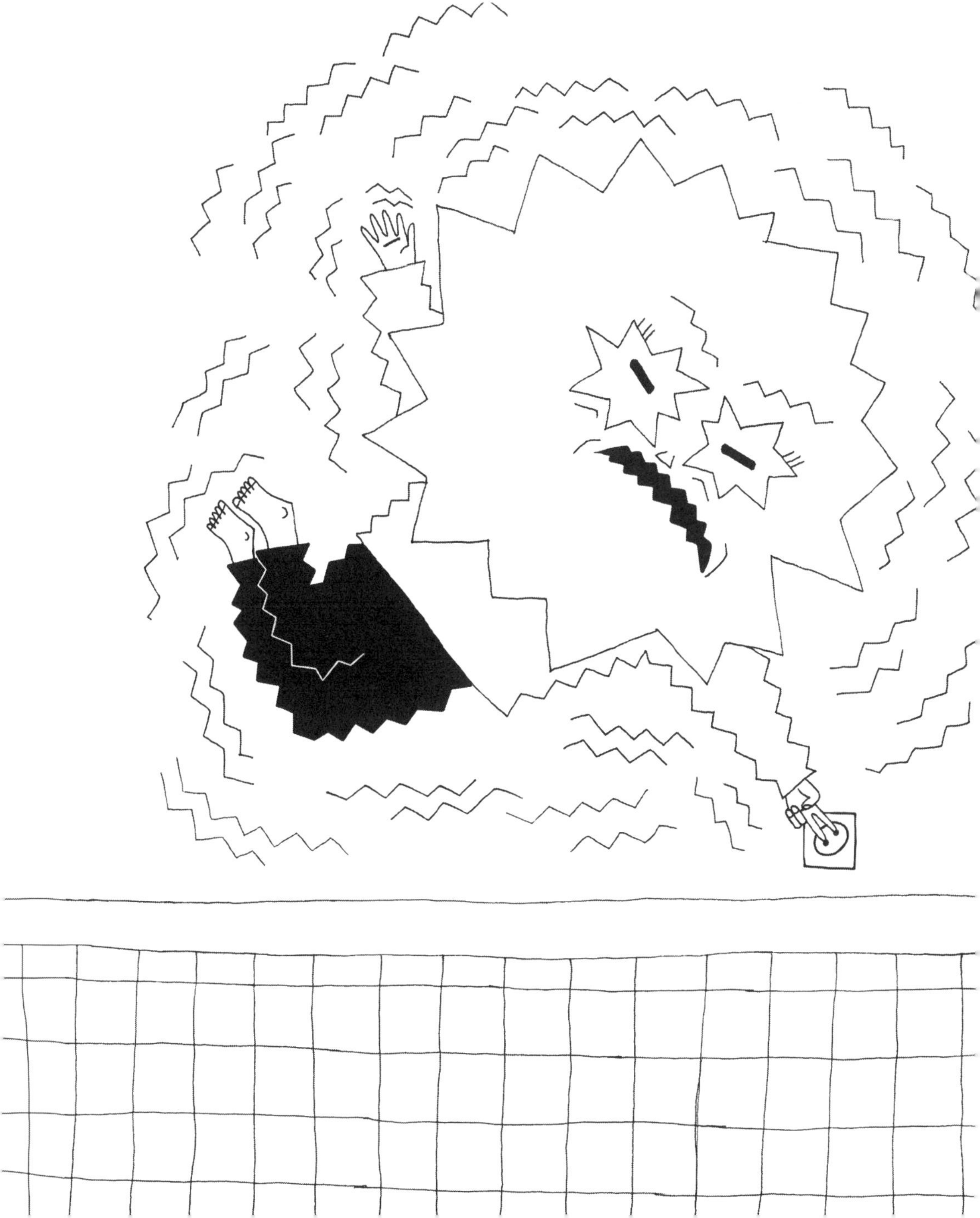

Me gustaba experimentar, tenía una sed desmesurada de llamar la atención. Descubriendo nuevos retos, arriesgando, haciéndome la valiente buscaba la aprobación familiar para sentirme segura y confiada.

*(**Experimentación:** Probar y examinar prácticamente la eficacia y propiedades de una cosa. Conocer algo por la propia práctica.)*

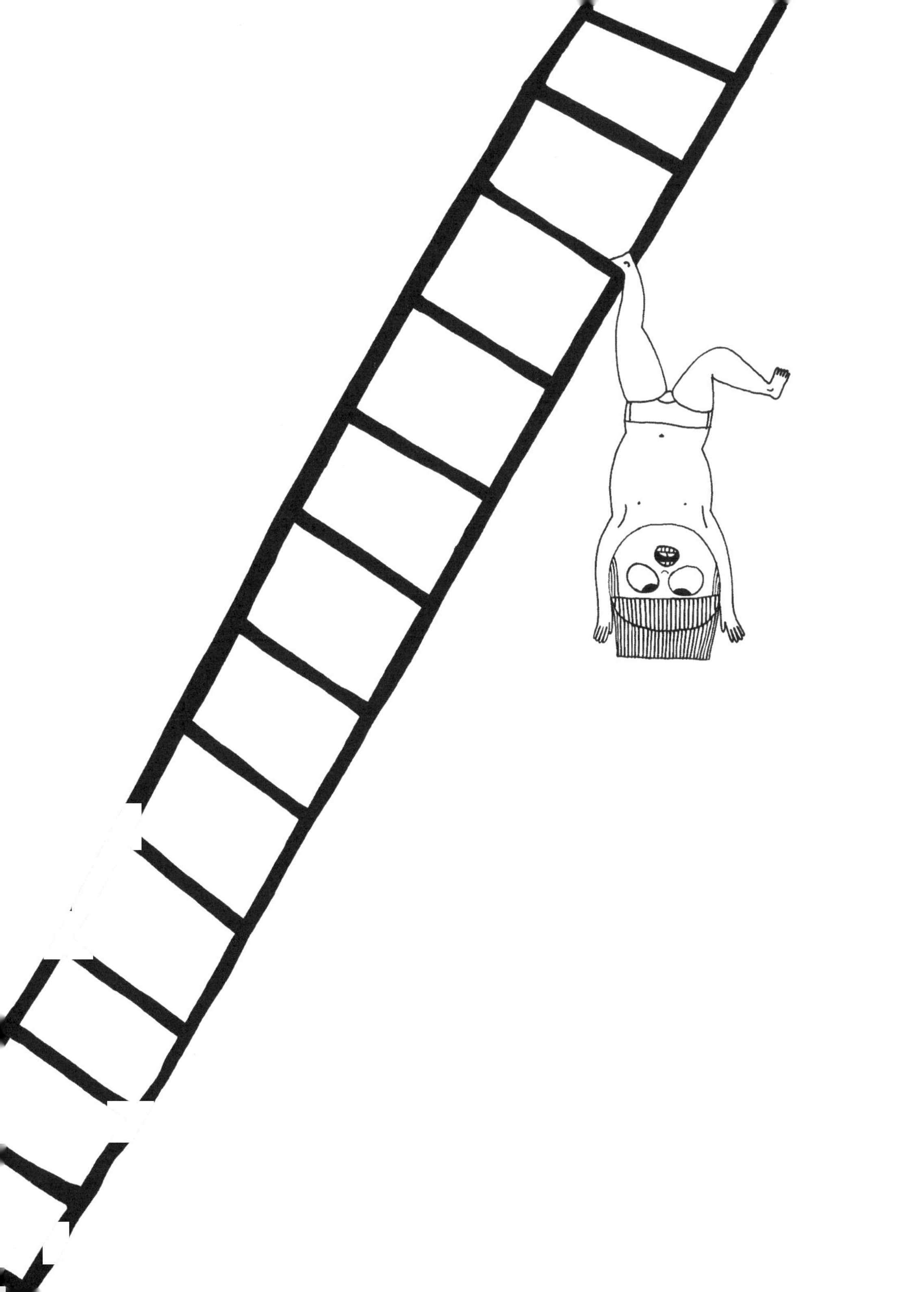

A mi entender recibía demasiadas órdenes.

¿Podría ser que esas órdenes influyeran negativamente en mí?

Me provocaban una gran frustración y una gran confusión.

Mi sensibilidad no entendía de su cansancio ni de sus exigencias.

*(**Frustración:** Dejar sin efecto. Privar a uno de lo que se esperaba.*

***Sensibilidad:** Capacidad para percibir emociones a través de los sentidos.)*

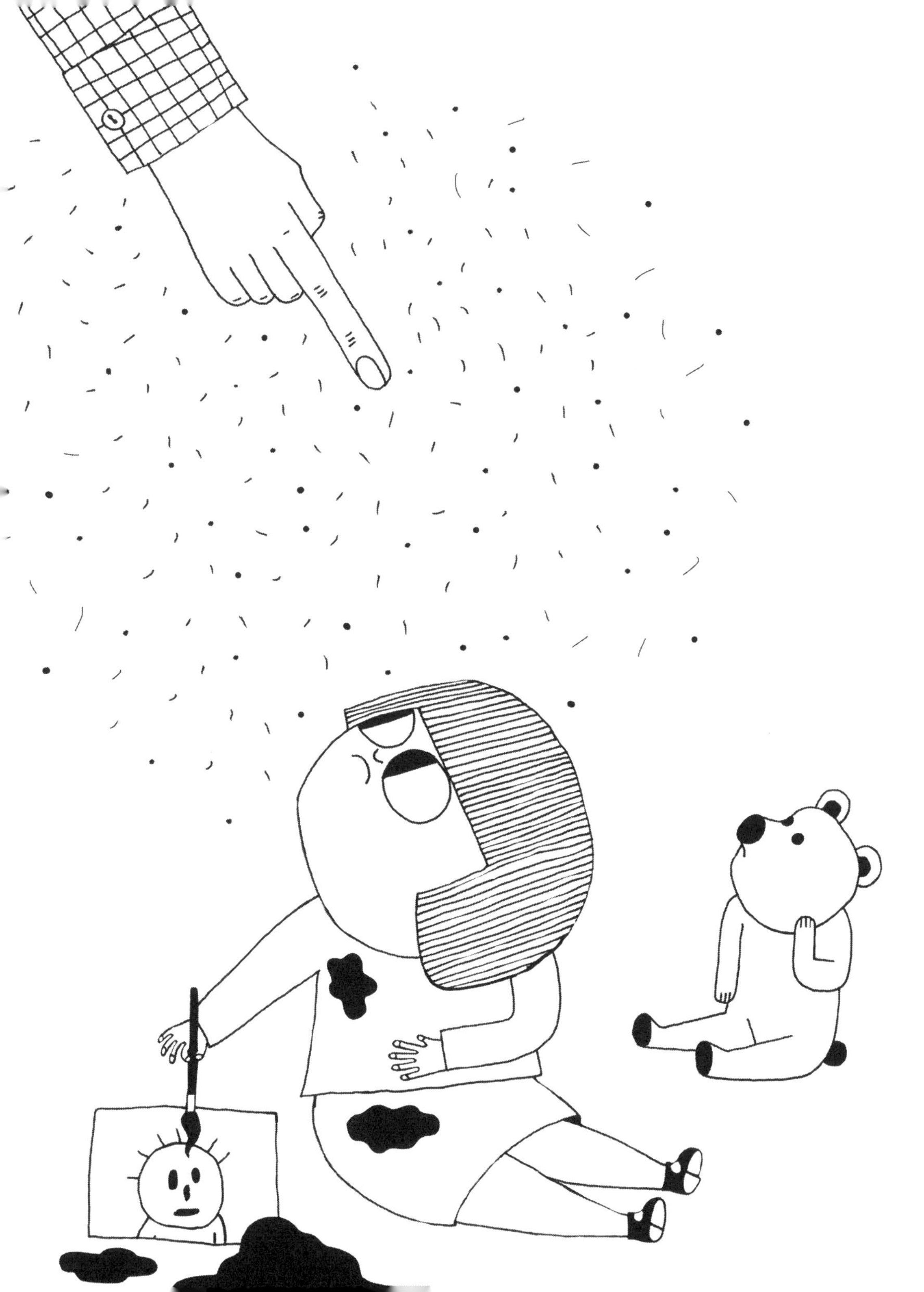

Mis padres eran personas sencillas y educadas. Pero sus desavenencias, como las de cualquier pareja, me marcaron en lo más profundo.

Era un goteo de pequeñas discusiones que me asustaban y me colmaban de soledad.

Yo vivía en un mundo sutil y delicado, y cualquier agresividad me generaba mucho estrés.

A mi inocencia le costaba digerirlas.

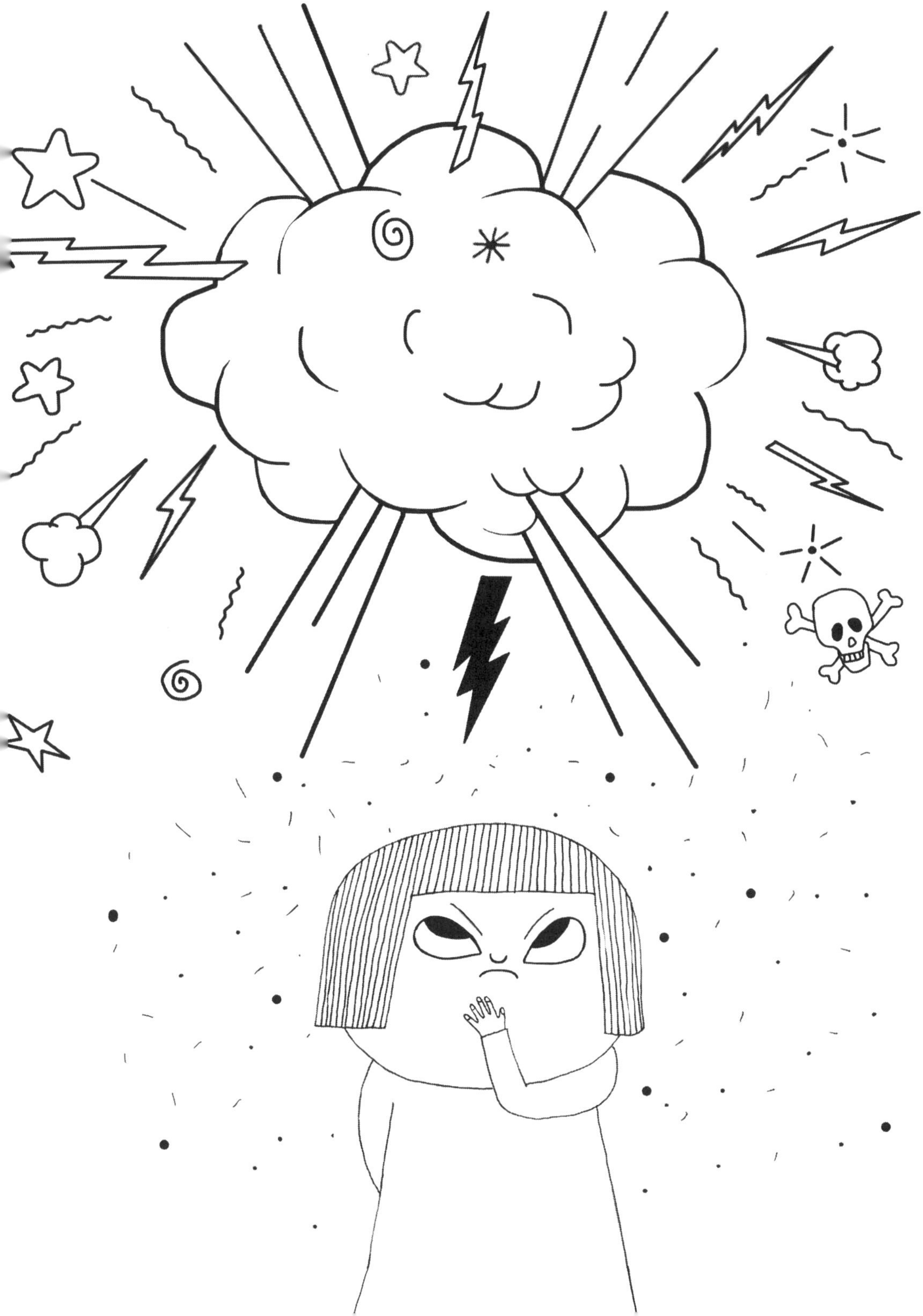

Muchos días lloraba con desconsuelo.

(**Desconsuelo:** *Gran aflicción o decaimiento de ánimo ante una pena o un disgusto.*)

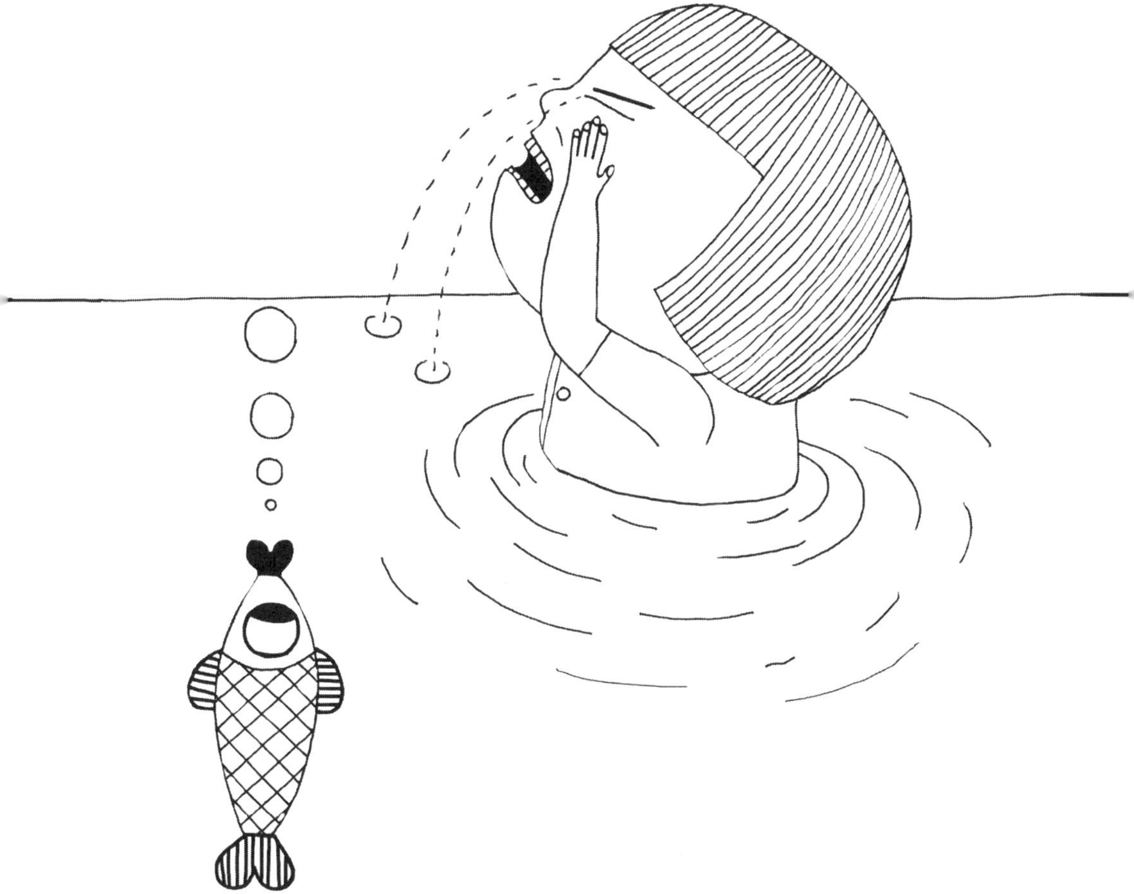

Y el desconsuelo terminaba en una ducha de agua fría.

Era una costumbre de aquellos tiempos.

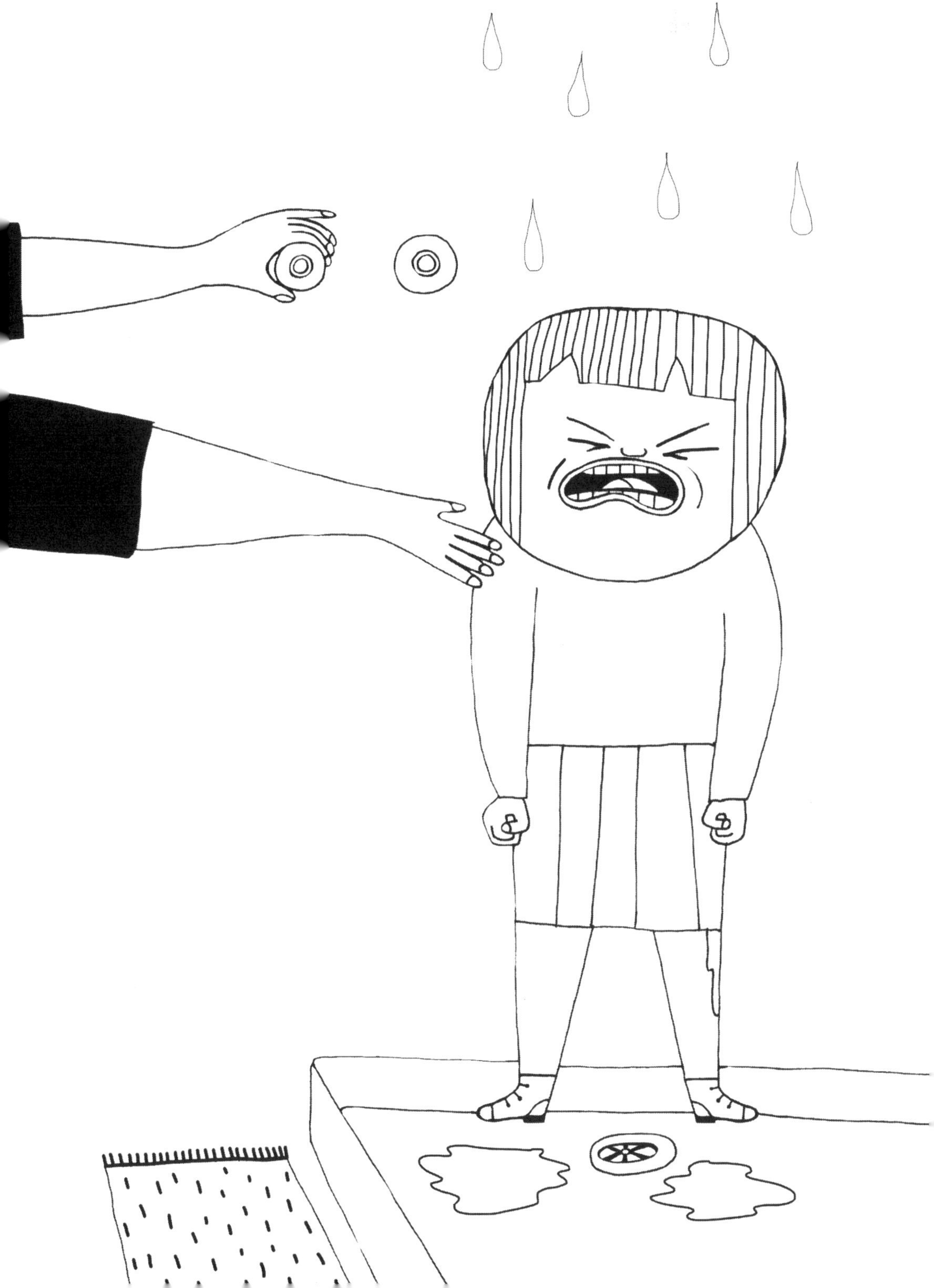

A mi manera empecé a defenderme.

Dejé de mirar todo aquello que no me gustaba.

Y llegó la miopía.

*(**Miopía:** Defecto de la visión causado por la incapacidad del cristalino de enfocar objetos lejanos.)*

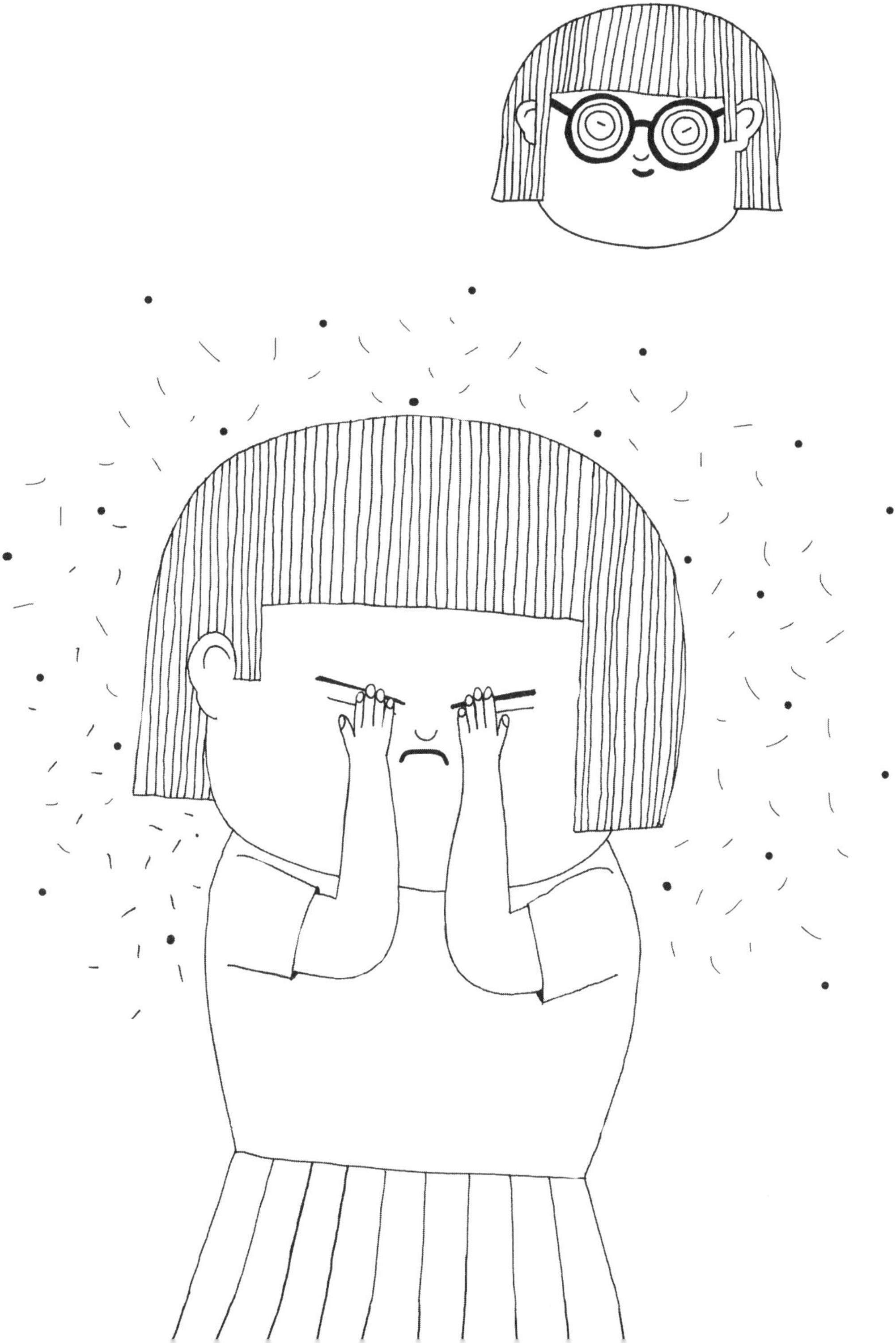

Dejé de escuchar todo aquello que no quería oír.

Y llegaron las otitis.

(**Otitis:** *Inflamación del oído debida, generalmente, a una infección, que produce dolor intenso, fiebre y trastornos en la audición.*)

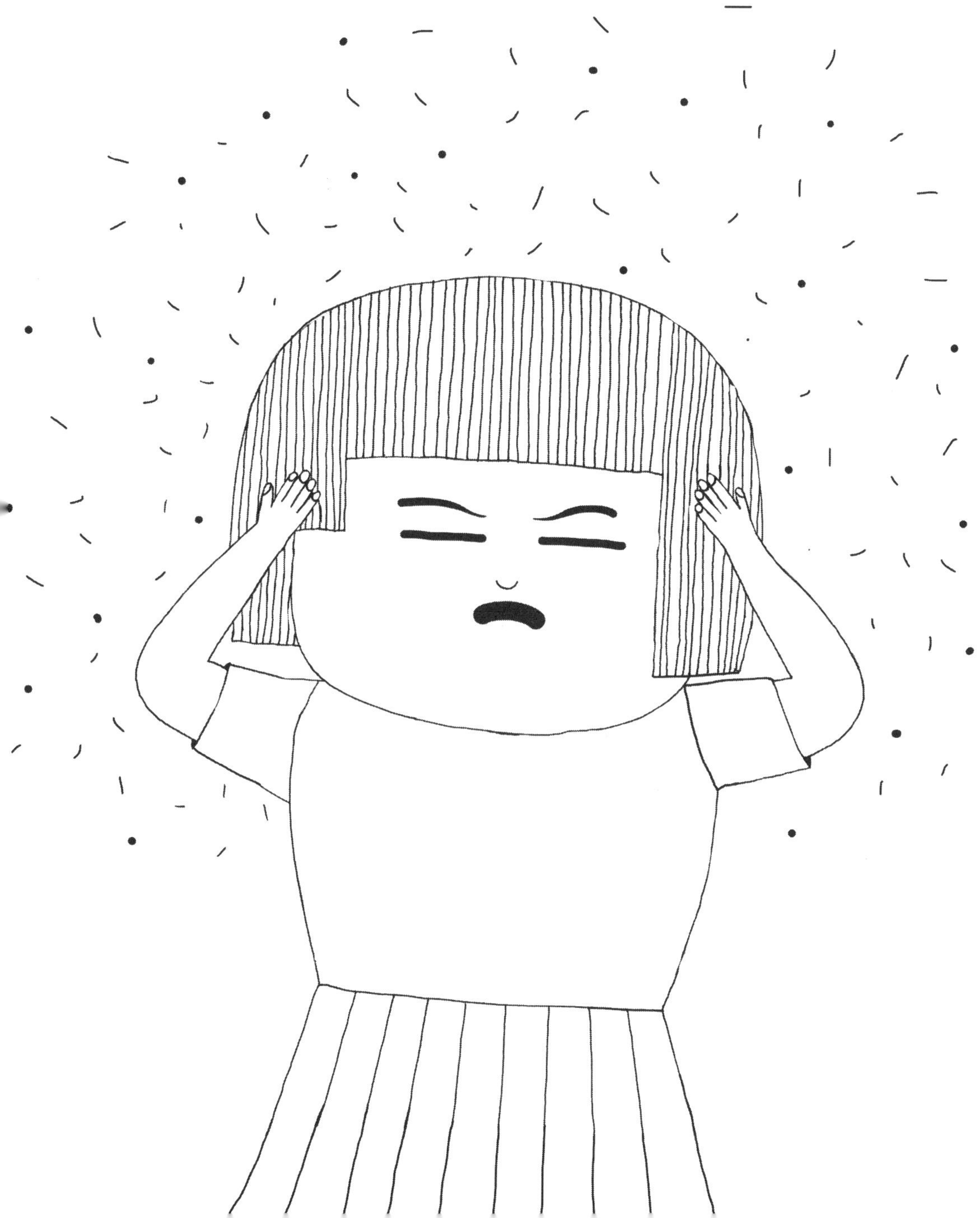

Mendigaba amor y me sentía sola en el seno familiar.

Nacemos sintiendo un abandono muy profundo, este abandono nos causa un gran vacío y nuestro recorrido en la vida es intentar llenarlo o corregirlo.

*(**Mendigar:** Solicitar una cosa con humillación.)*

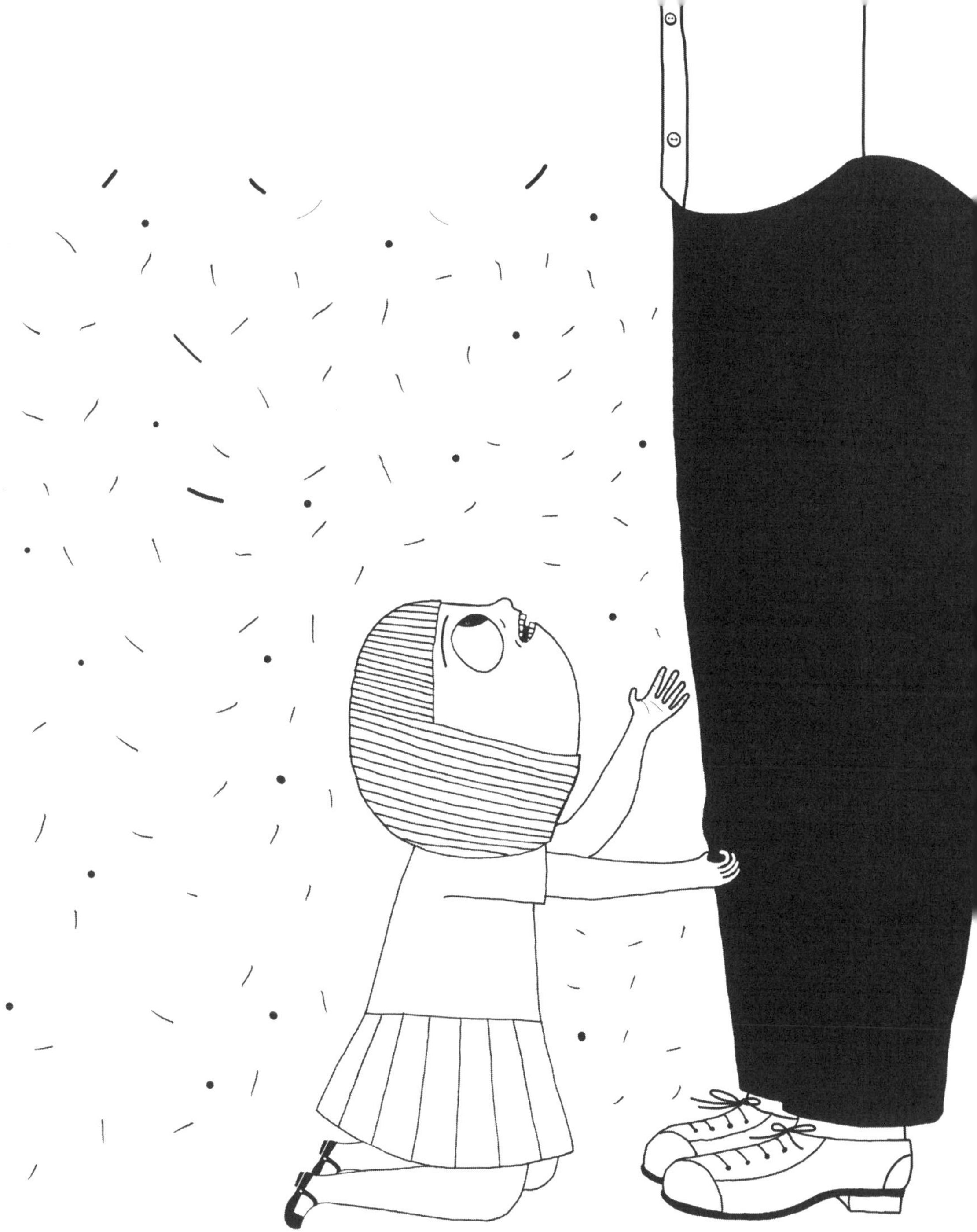

Me costaba sentir mi casa como un hogar...

*(**Hogar:** Ambiente familiar que se desarrolla en la vivienda habitual.)*

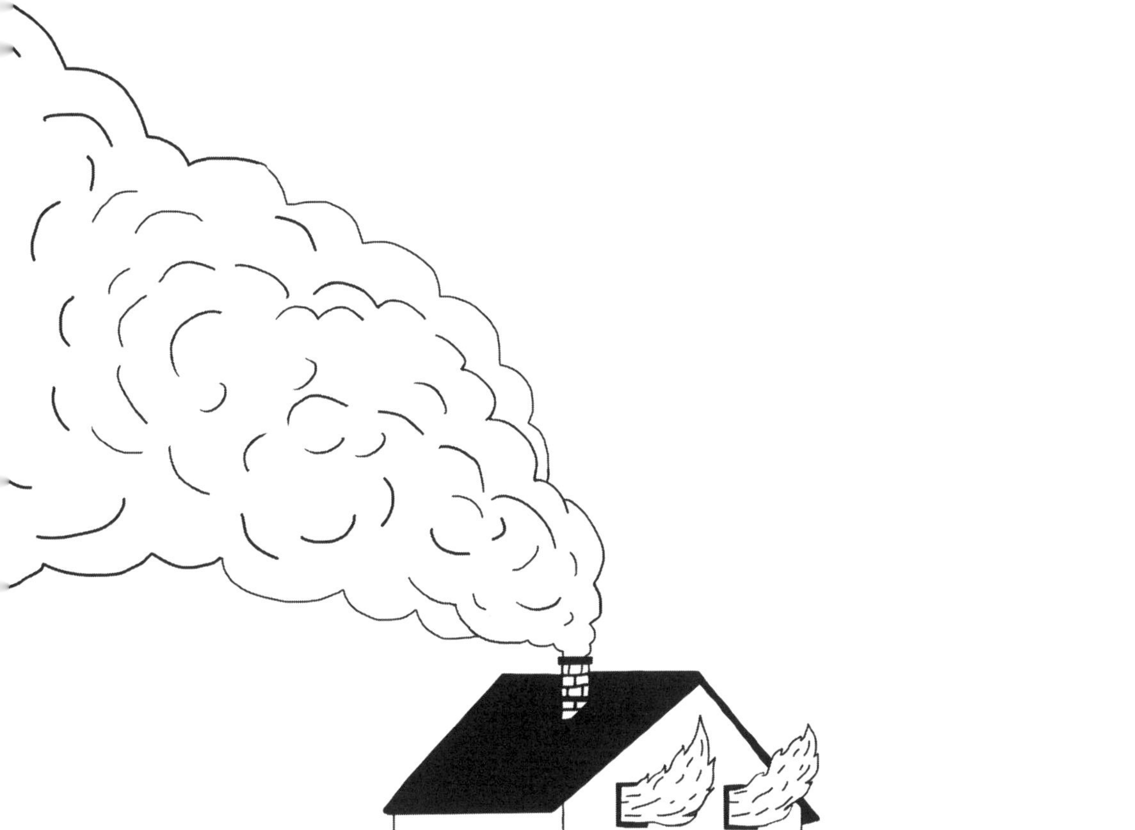

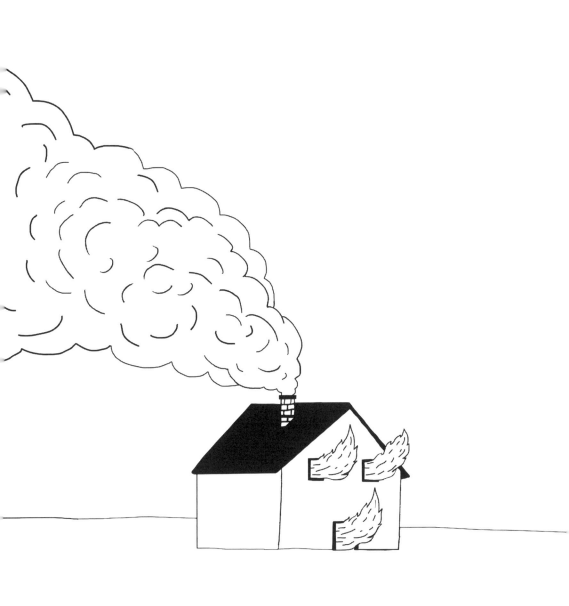

En la escuela me aburría.

Había otros niños que sí disfrutaban de la vida.

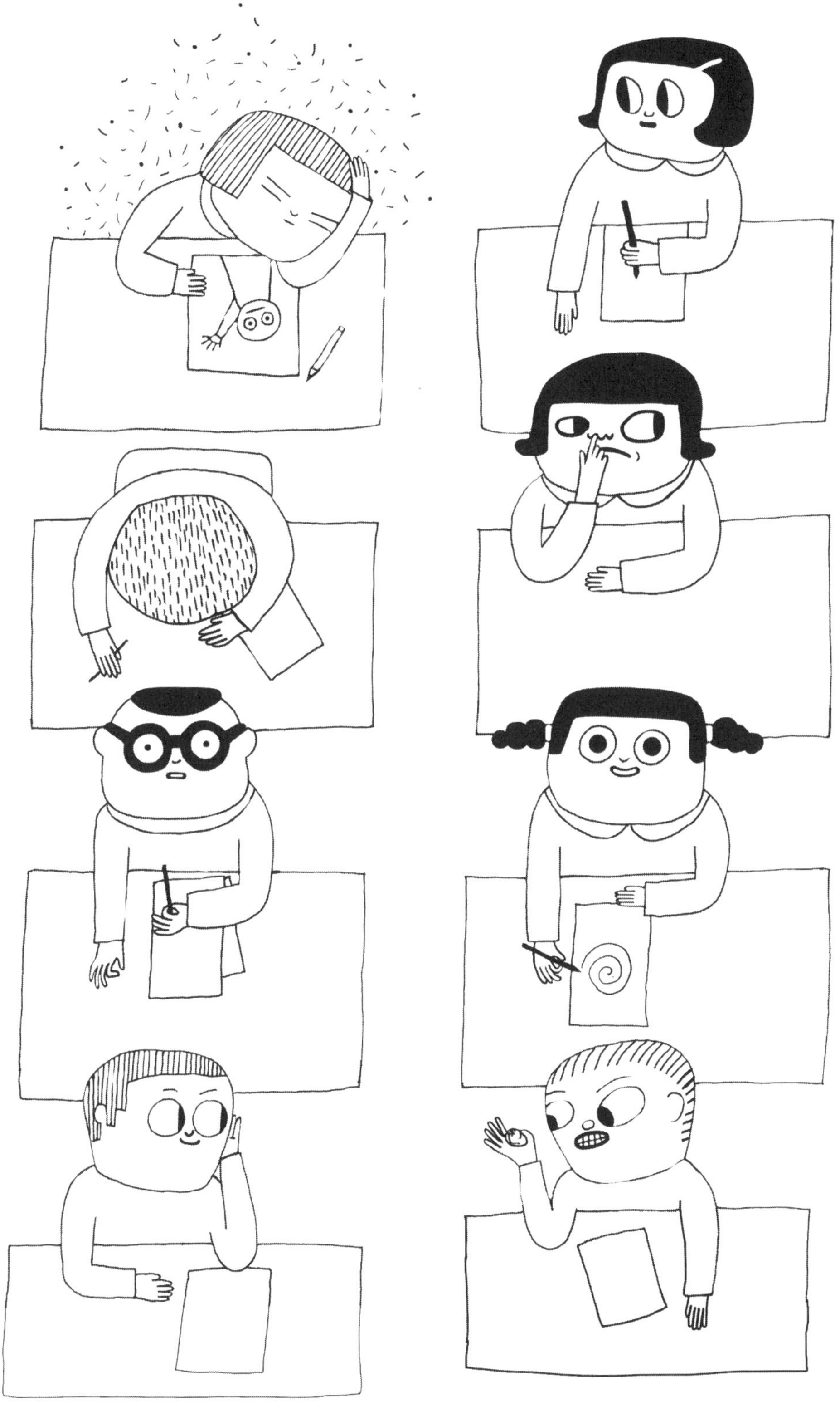

Con la adolescencia llegó el horror y todas sus hormonas.

Acumulaba muchas emociones que era incapaz de entender y gestionar.

Esto me hacía sentir una impotencia que no lograba expresar. Tampoco podía responder a mis necesidades.

Empecé a vivir con miedo, y este miedo me condujo primero a la rabia, después al silencio.

El silencio me aislaba pero no me protegía.

(**Impotente:** *Carente de fuerza para hacer algo.*
Silencio: *Ausencia de palabras y de ruido.*)

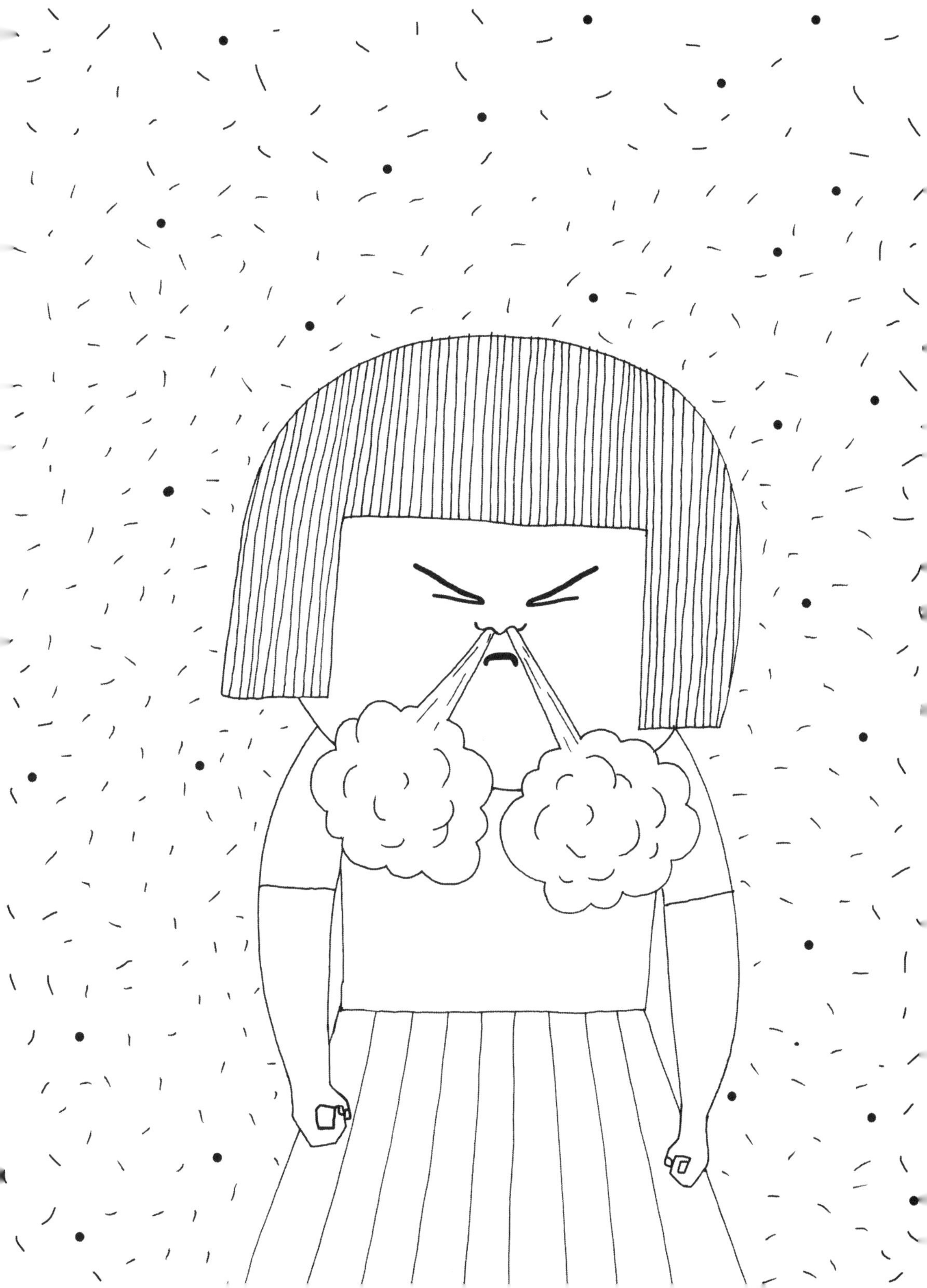

Construí un muro que me alejaba de la realidad. Afuera había un mundo inmenso y yo no tenía acceso a él.

Me sentía perdida, pero sobre todo decepcionada: por mi inseguridad, mis miedos heredados, mi hipersensibilidad, mi baja autoestima y mi fragilidad.

*(**Hipersensibilidad:** Capacidad de algunos humanos de percibir sensaciones y estímulos de tamaño ínfimo.)*

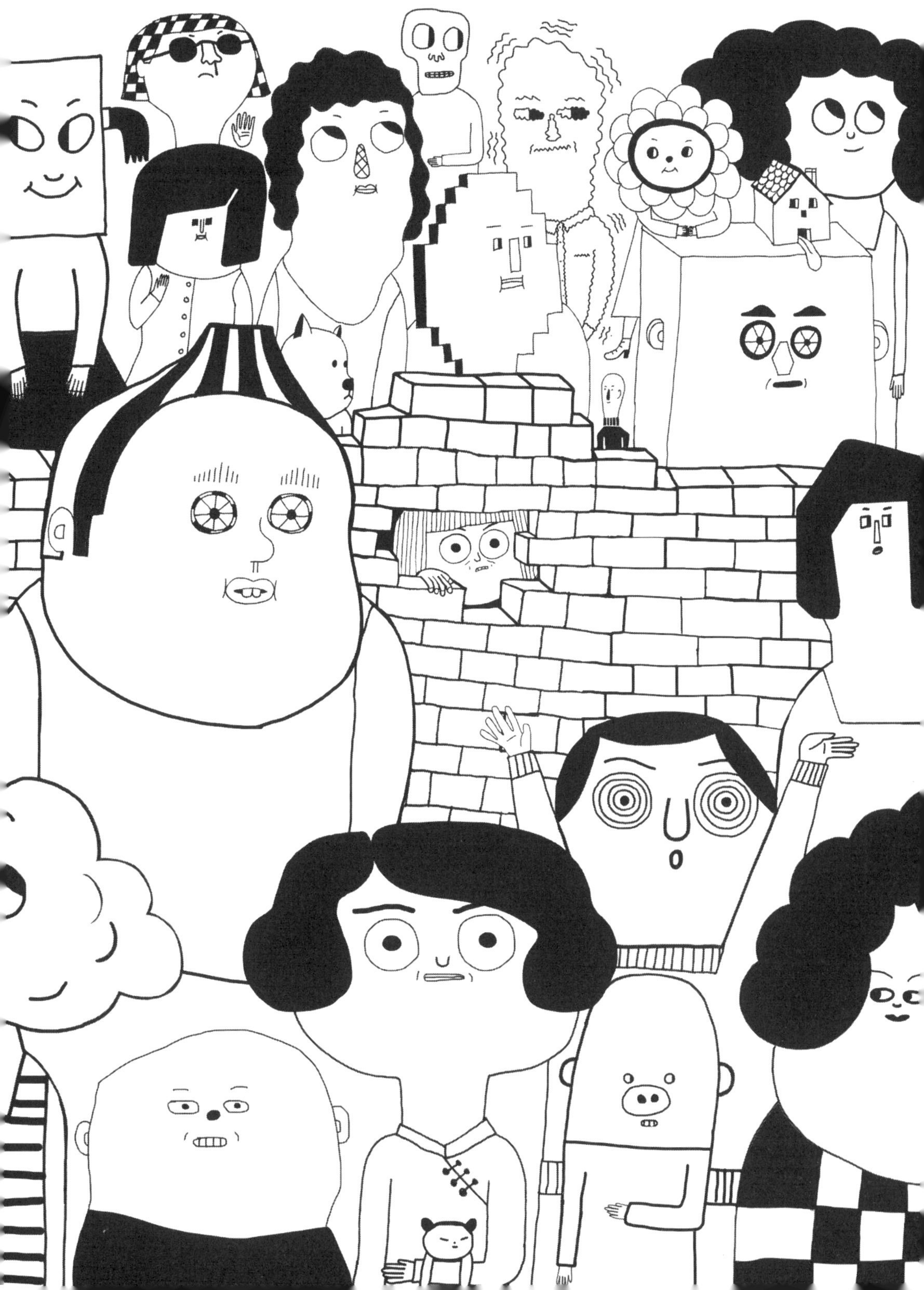

Por una parte vivía el mundo como una agresión.

Por otra, el deseo constante de soledad era igual al de estar desesperadamente acompañada.

Yo no tenía confianza. Entonces, ¿cómo podía defenderme?

(**Agresión**: Ataque o acto violento que causa daño.

Soledad: Carencia de compañía.)

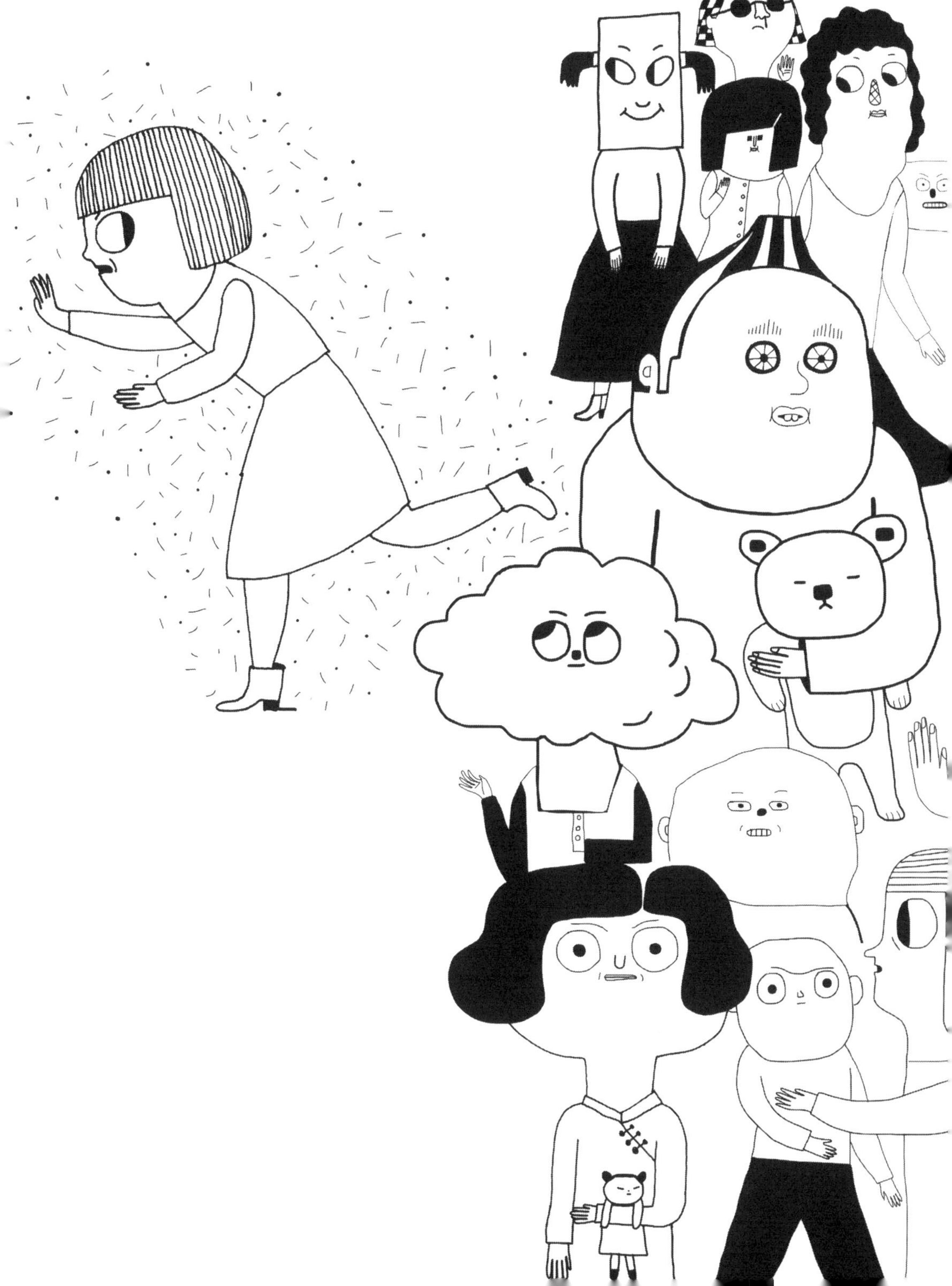

Me enamoré varias veces pero continuaba mendigando amor. Un amor que me hiciese sentir viva, que llenase mi gran vacío.

Pero nunca funcionaba.

La sensación de abandono siempre volvía.

Y esto me creaba más inseguridades, más pérdidas de control, más baja autoestima. Iba acumulando bloqueos.

Me estaba convirtiendo en una tullida emocional.

*(**Baja autoestima:** Dificultad que tiene la persona para sentirse valiosa en lo profundo de sí misma y, por tanto, digna de ser amada por los demás.*

***Bloqueo:** Es una barrera psicológica que nos imponemos a nosotros mismos y que impide discernir con claridad algunos aspectos de la vida.)*

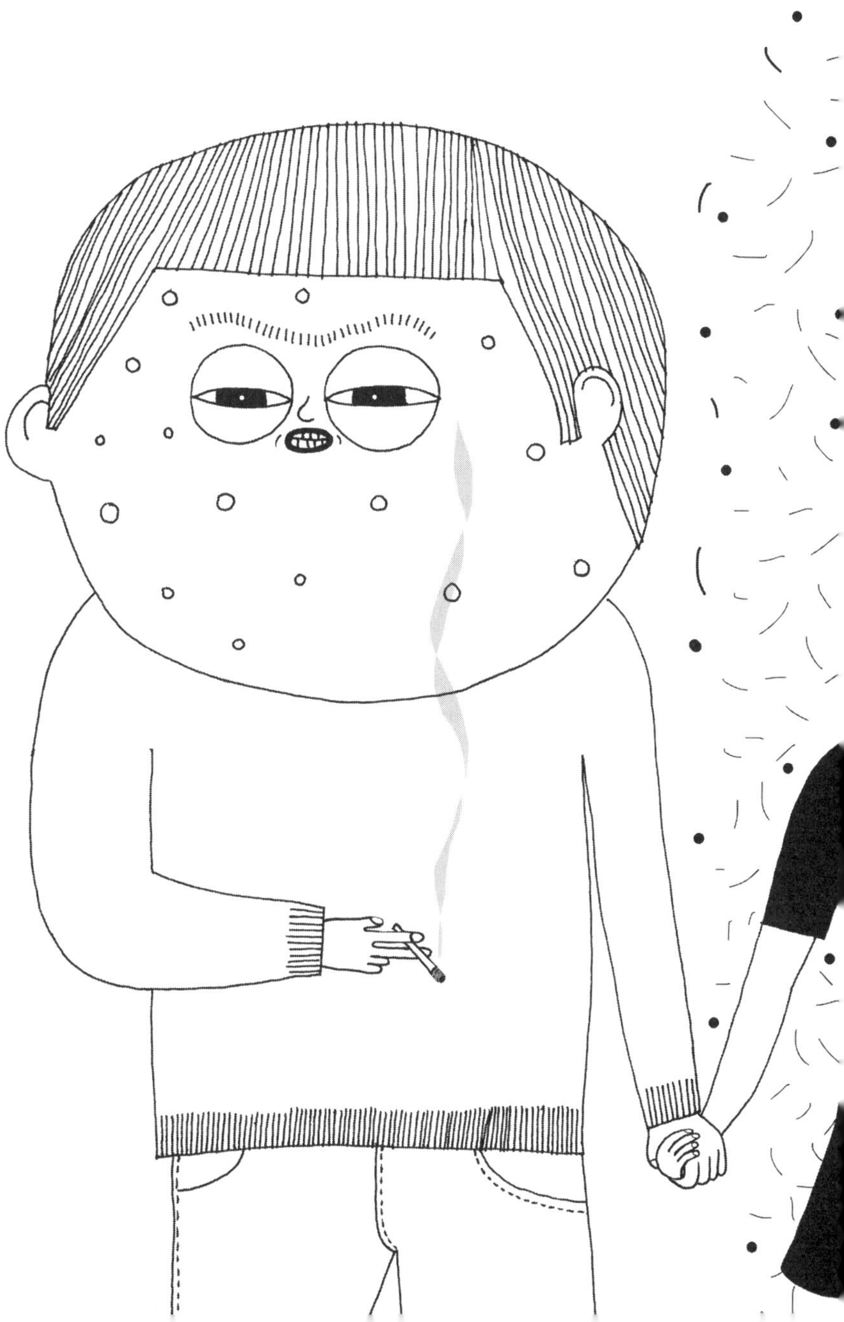

No soportaba el sentimiento de inferioridad y éste era una gran excusa para el autocastigo.

Me mordía las uñas.

Autolesionarme era una manera de controlar la angustia.

(**Sentimiento de inferioridad:** *Es un sentimiento por medio del que una persona se siente de menor valor que las demás.*

Autolesionarse: *Lesionarse voluntariamente.)*

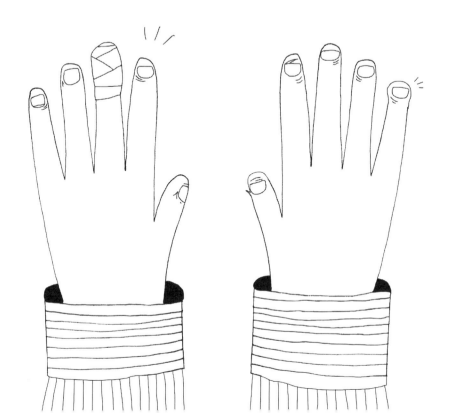

Tenía la sensación de ser un potencial desperdiciado.

Cada vez estaba más lejos de ninguna parte, más destructiva.

Y las hormonas se encargaban de hacer el resto.

(**Destruir:** *Deshacer o reducir a trozos pequeños una cosa material.*)

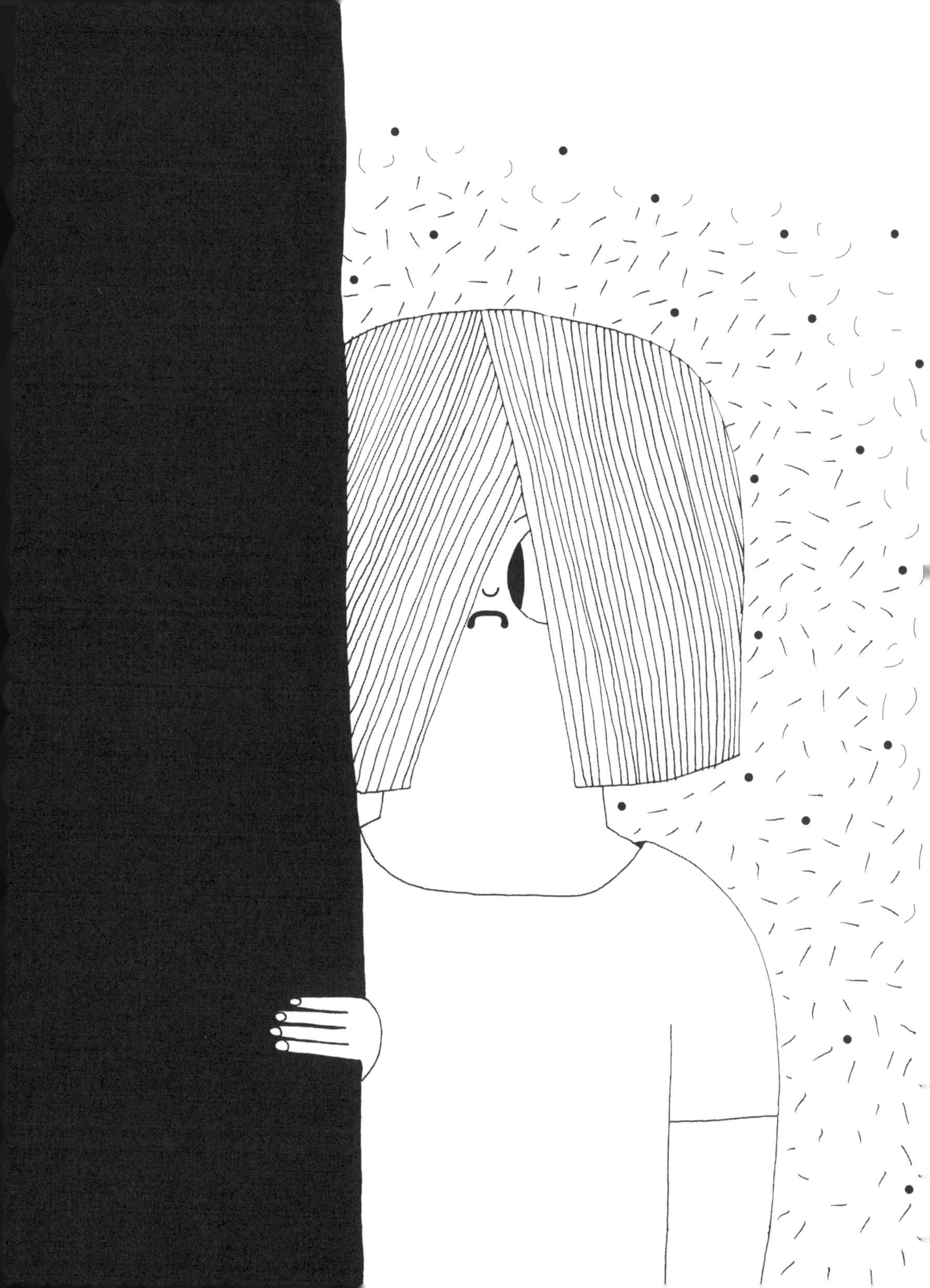

Y llegó la tristeza, siempre acompañada de vacío y desesperanza.

La tristeza tiene el gran poder de inhabilitarte.

En realidad no me atrevía a liberarme de ella porque, al fin y al cabo, era lo único que conocía y no sabía lo que podía venir en su lugar.

La pena nunca se comparte.

*(**Tristeza:** Sentimiento de dolor anímico producido por un suceso desfavorable.)*

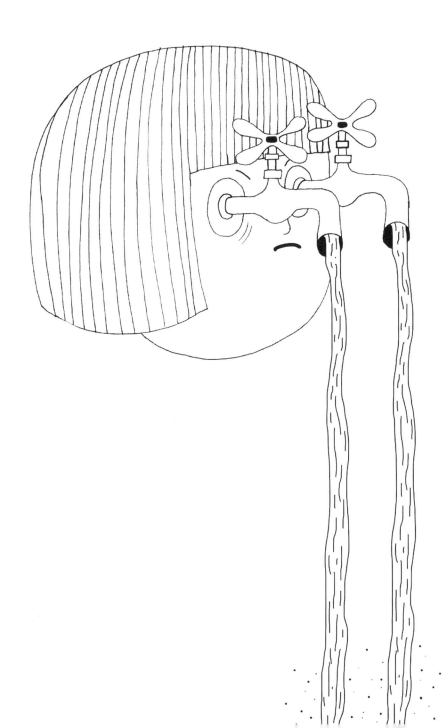

Mi vida discurría hacia la disociación.

No generaba pensamientos normales, cada uno era una cadena de conflictos violentos y destructivos que me llevaban directamente al horror.

Empezaba a fabricar mucho tóxico.

*(**Disociación:** Mecanismo de defensa que consiste en una alteración de las funciones integradoras de la conciencia, la identidad, la memoria y la percepción del entorno.)*

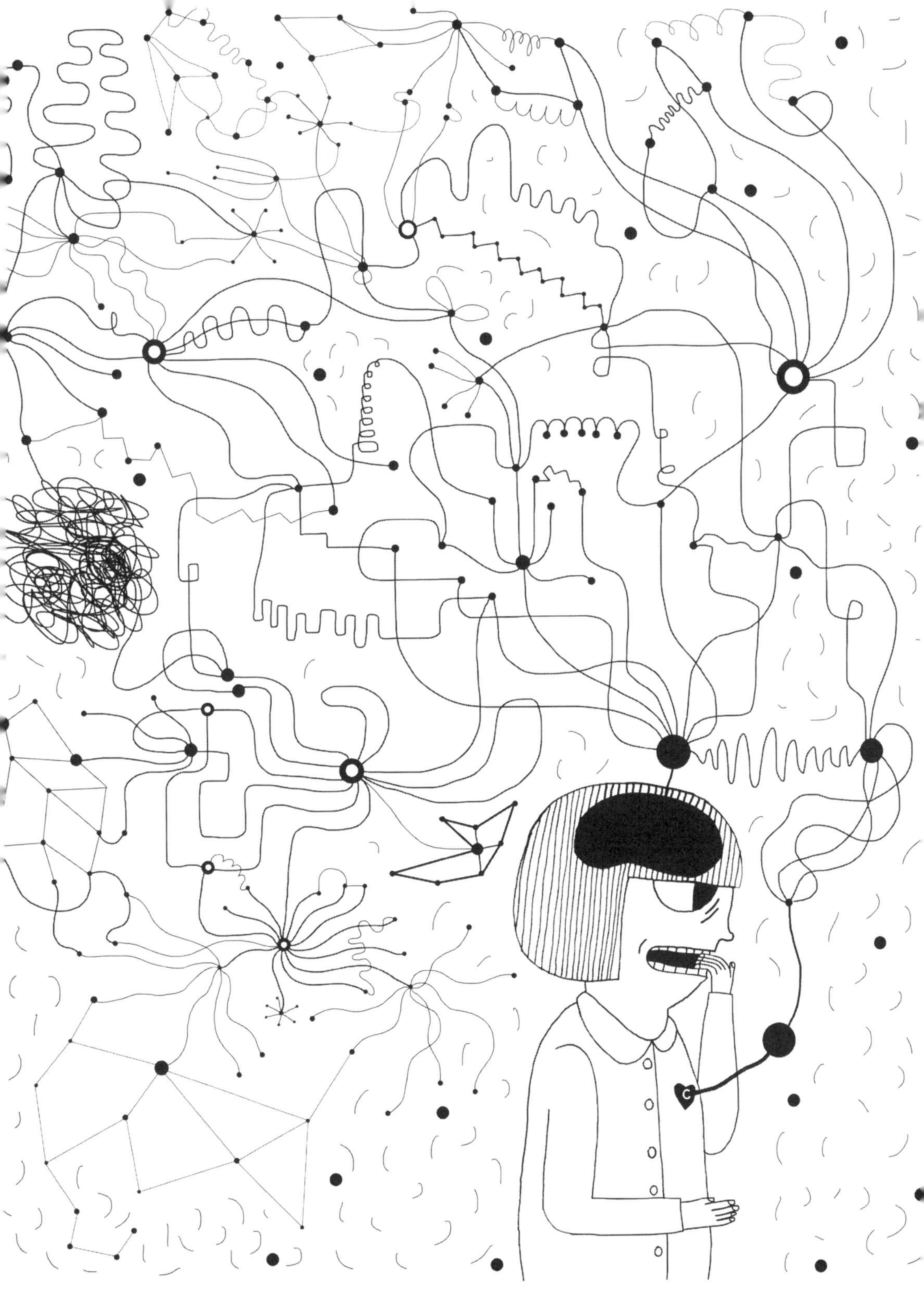
C

Desconocía a dónde me dirigía, pero intuía que el trayecto no sería fácil.

Vivía en un gran desorden.

Y era incapaz de ordenarlo.

*(**Desorden:** Situación en que las cosas no están en el lugar que les corresponde.)*

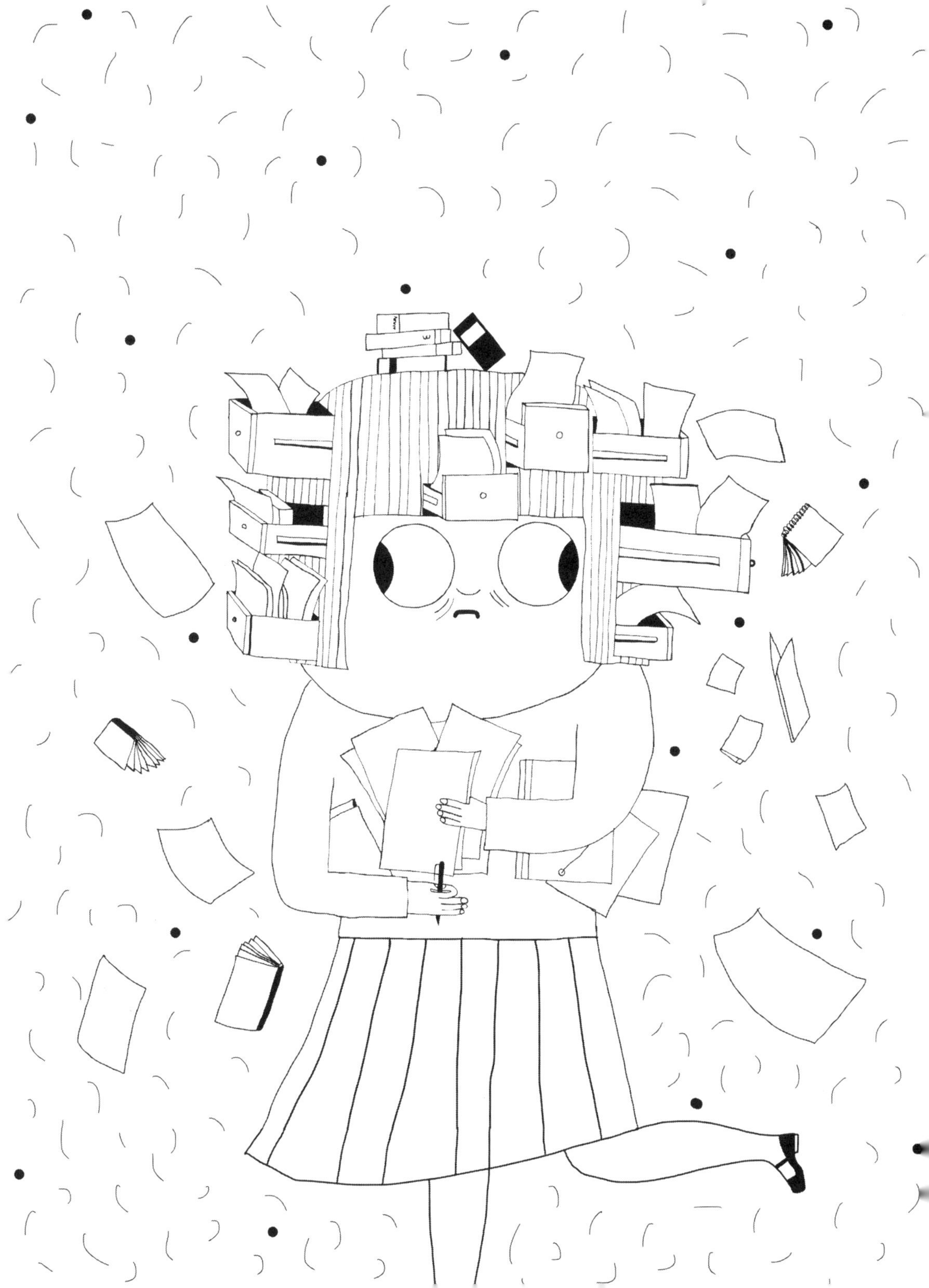

Entré en la edad adulta y en vez de madurar comencé a pudrirme.

Construí una identidad para poder sobrevivr en este caos cimentado desde la infancia.

Esta identidad estaba dirigida por el ego, y a él le daba todo el poder, mientras yo reprimía cualquier emoción que lo desafiase. No quería llevarle la contraria, menos aún cabrearlo.

Me hacía de escudo, protegiéndome de tanta autoagresividad.

*(**Ego:** Personalidad de un yo deformado de uno mismo.)*

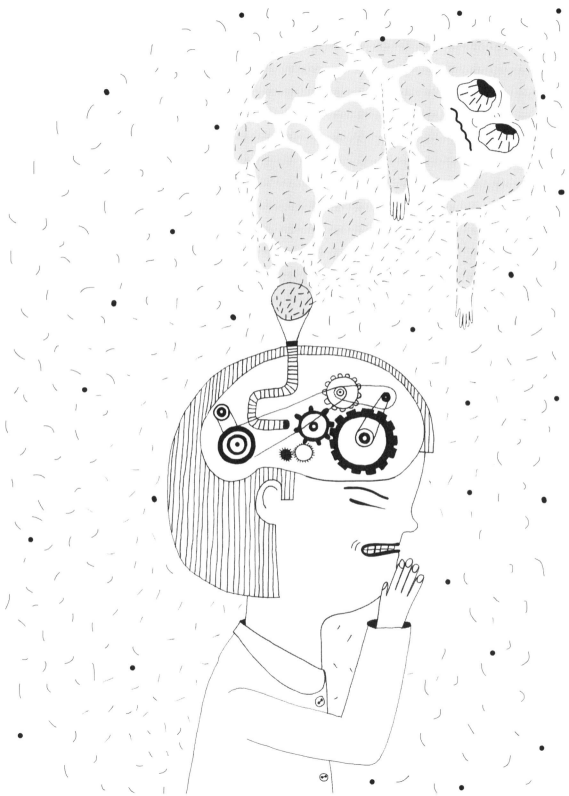

Descubrí que el ser humano se construye una identidad primorosa para mostrarla en público, escondiendo todos sus defectos, todos sus horrores, y la presenta de la manera más envidiable.

A nadie le importa si estás destruido espiritualmente, siempre y cuando tu apariencia siga reluciente.

Yo era un fracaso en el mundo afectivo.

Sentía envidia de otras personas que mostraban su vida en una versión más simple, abreviada y fácil.

Empecé a pensar que alguna cosa dentro de mí no funcionaba muy bien.

*(**Identidad:** Conjunto de rasgos o características de una persona que permiten distinguirla de otras en un conjunto.)*

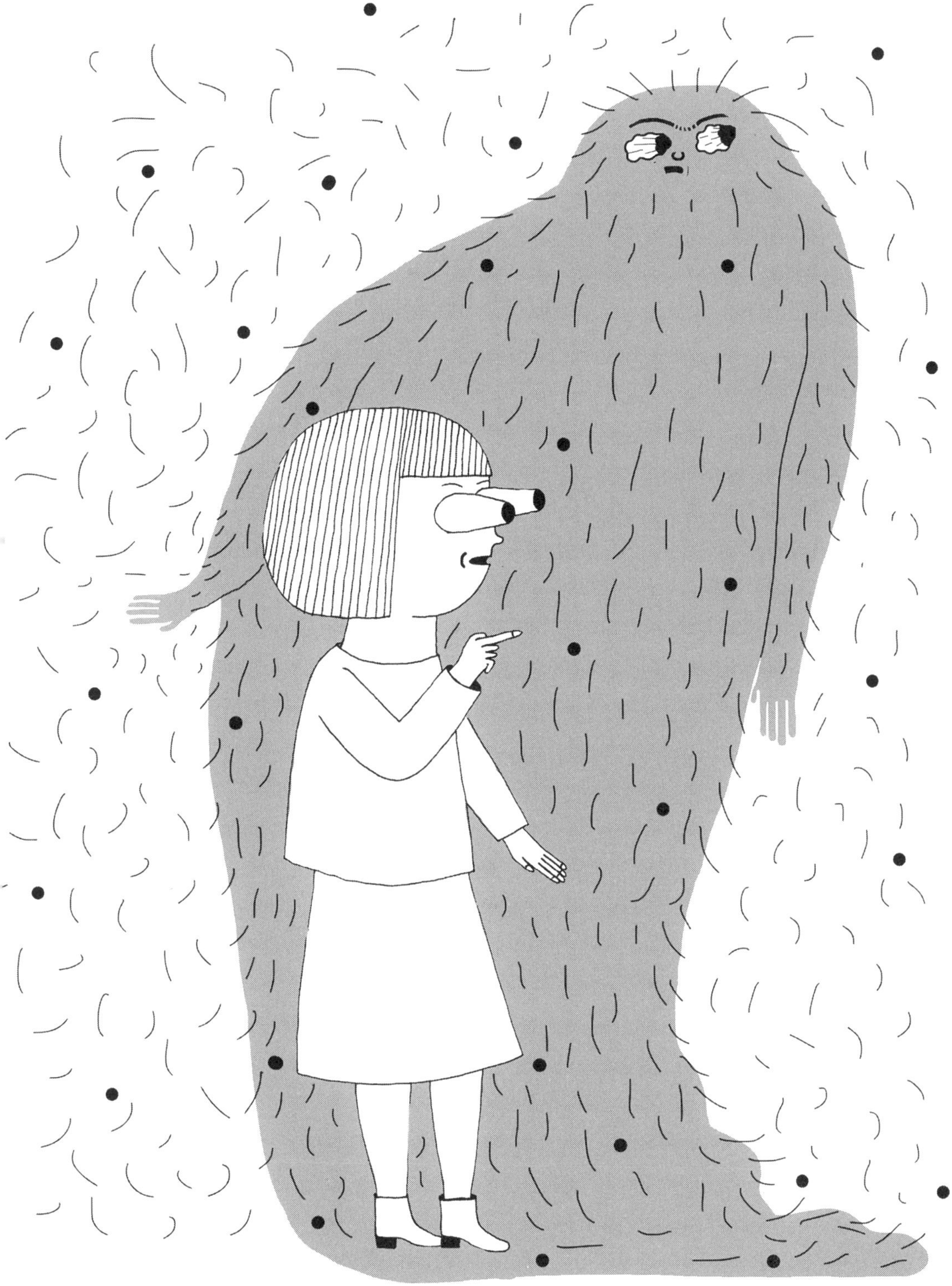

Focalicé mi vida en el trabajo. Buscando llenar este gran vacío.

Al principio funcionaba porque tenía una disciplina horaria, económica, de entregas... y de alguna manera ésta me ordenaba la cabeza.

El trabajo era importante para mí y para mi reconocimiento externo, para mi identidad, para mi autoestima y para mi seguridad.
Era como un altar para las ofrendas del ego.
Algo tangible y relativamente positivo, a lo que me agarraba.

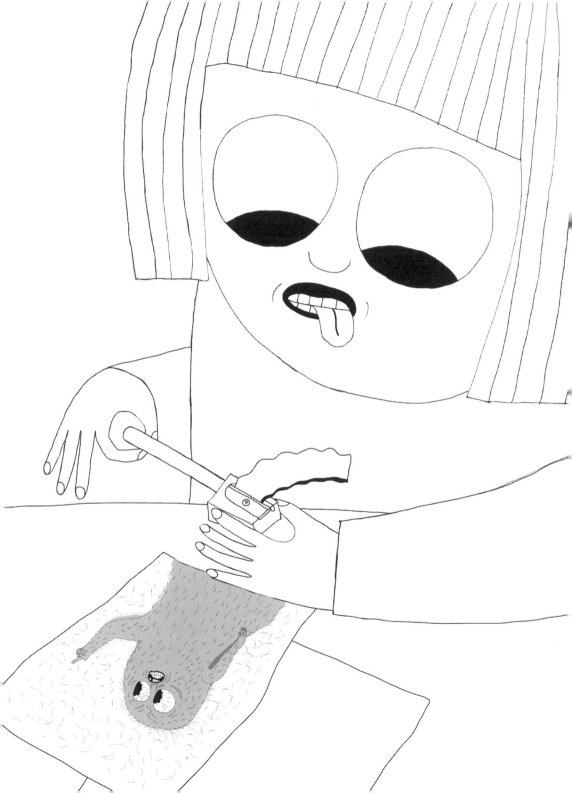

Pero al final se convirtió en una autoexigencia enfermiza que no me dejaba avanzar.

Dibujaba, daba forma a un proyecto y cuando lo acababa no lo reconocía y lo rompía. Construía y destruía sin llegar nunca a ningún fin.
Era otro gran bloqueo.

Pero yo no era mi trabajo y me hacía autoboicot, retando al ego, que se rebelaba, me exigía, me despreciaba y me ridiculizaba.
Batallaba con alguien muy ambicioso, pero no le dejaba ganar... de momento.

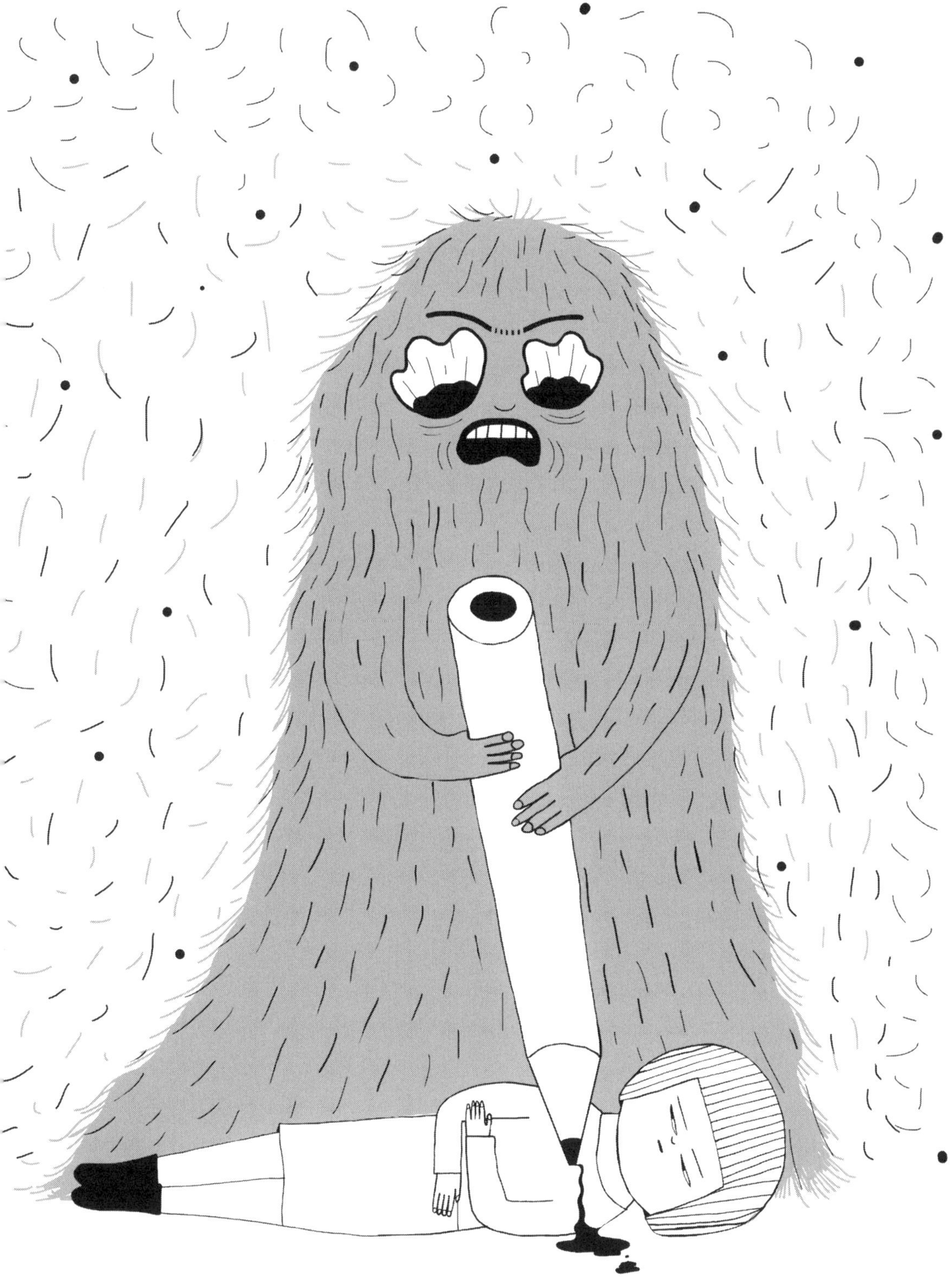

Mi identidad se estaba transformando en algo más bestia e incómodo, en algo que ya no podía esconder ni sostener. Aniquilaba cualquier emoción, cualquier intuición.

Entonces todos los desórdenes se convirtieron en trastorno.
Mi ego iba y venía, se apoderaba de mi cuerpo y yo nunca oponía resistencia.
Un trastorno que «va y viene», cuando aparece, lo primero que hace es bloquear cualquier pensamiento que sugiera que podrías estar enfermo.
Cuando no se manifiesta, ni te acuerdas ni lo reconoces.

Este es un gran síntoma de la depresión.

(**Trastorno:** *Alteración de la salud.*)

Empecé a perder el control.

¿Quién era yo?

¿El juez interno que te observa y te juzga?

¿Cómo separar lo que somos de lo que creemos ser?

¿El yo real y el yo ideal?

Yo era juez y reo al mismo tiempo. Era agotador.

Me retorcía de asco hacia mí misma.

Yo era muchas personas, tantas como posibilidades de odiarme tenía.

Mi cuerpo ya producía tóxico en abundancia, sin necesidad de que nadie me lo proporcionara.

Sabía fabricarlo yo misma y lo hacía muy bien.

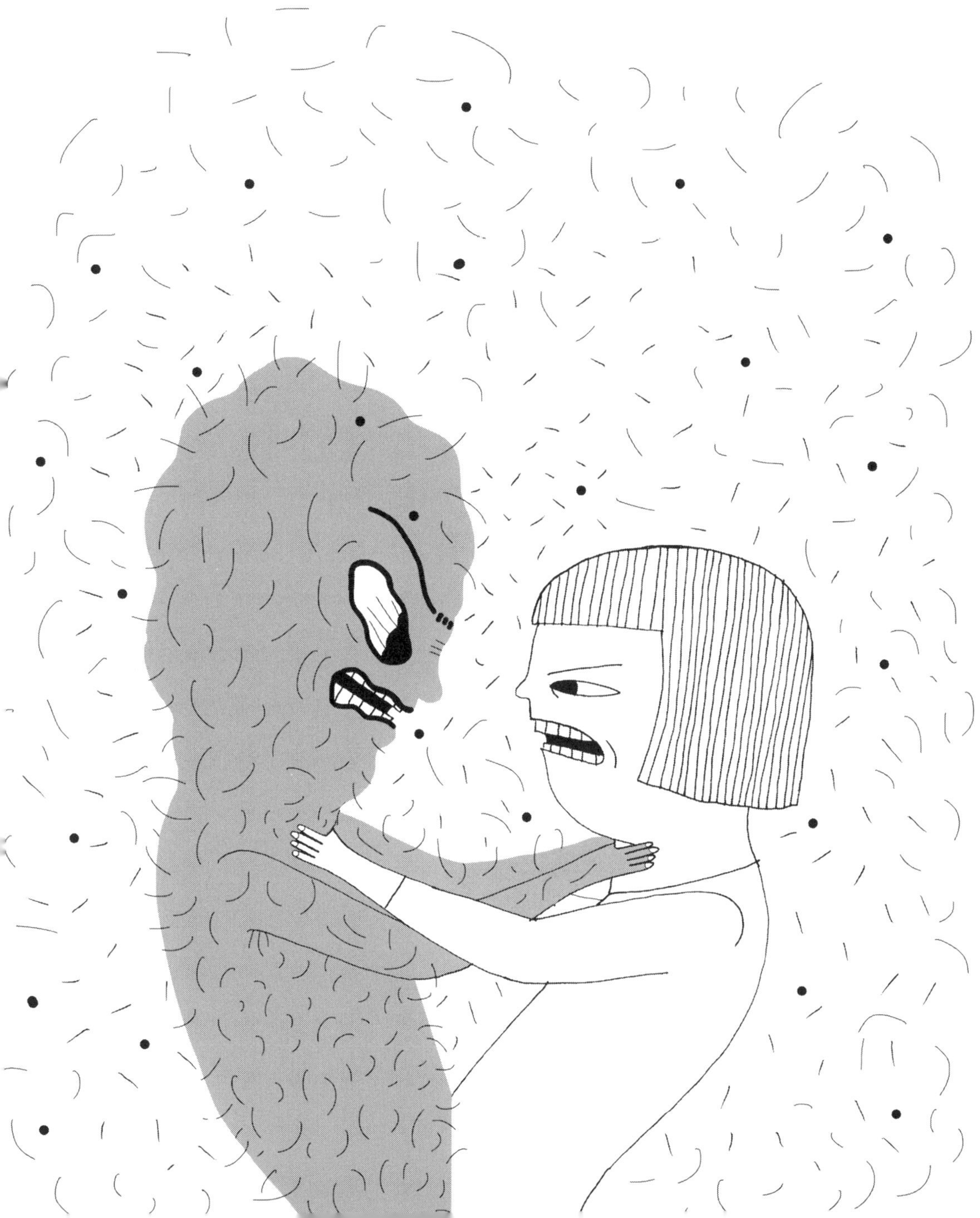

Me construía mis propias trincheras y allí, aprisionada, encendía la mecha y explotaba.

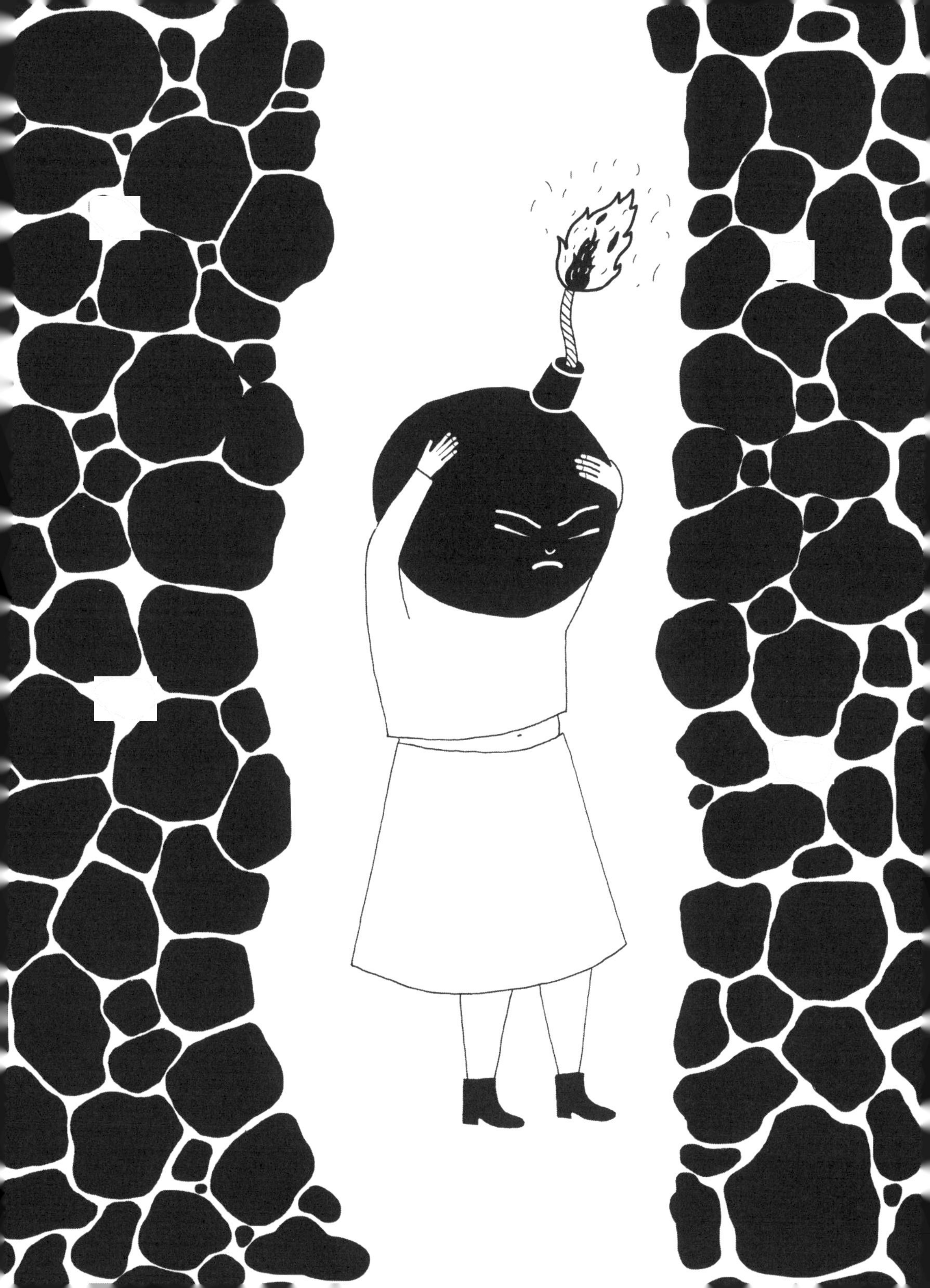

Cuando no soportaba tanto dolor, fumaba y bebía, pero a la mañana siguiente tenía una impresionante resaca que aliviaba volviendo a beber.

Había temporadas que no podía romper este círculo.

Mi adicción era una muleta para la falta de amor.

*(**Adicción**: Afición desmesurada e incontrolable a algo.)*

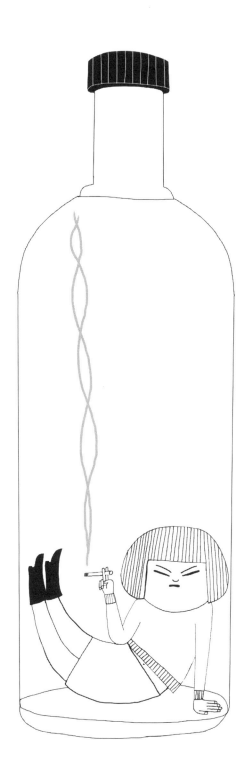

Había cortado toda conexión con mi intuición, mis emociones y mi corazón, porque competían con mi ego, y éste quería todo el poder.

*(**Intuición:** Conocimiento, comprensión o percepción inmediata de algo, sin la intervención de la razón.)*

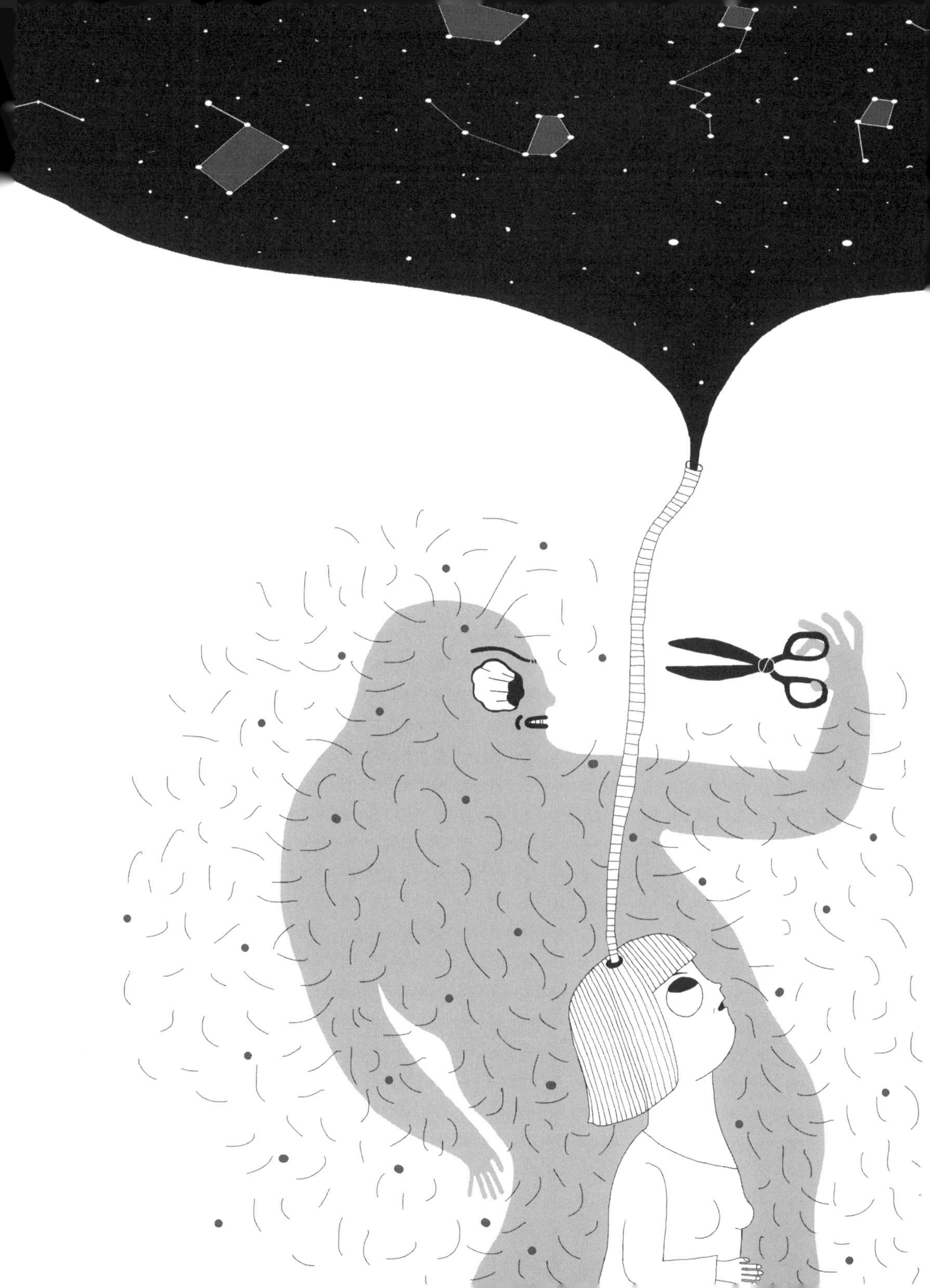

Finalmente mi ego tomó el control.

Me abdujo.

Como en una carrera inagotable, buscaba siempre la aprobación de los demás y nunca tenía suficiente.

Producía mucho deshecho mental, tenía el cerebro lleno de basura y lo liberaba arrojándola siempre a la persona más cercana.

No sabía medir las consecuencias.

Repartía maldad porque no podía ver la proporción entre el bien y el mal.

¿Me estaba transformando en un monstruo?

¿Estaba consiguiendo ser una maltratadora?

Yo era un verdugo pero también una víctima.

(**Maltrato:** *Trato vejatorio que ocasiona daño o perjuicio.*)

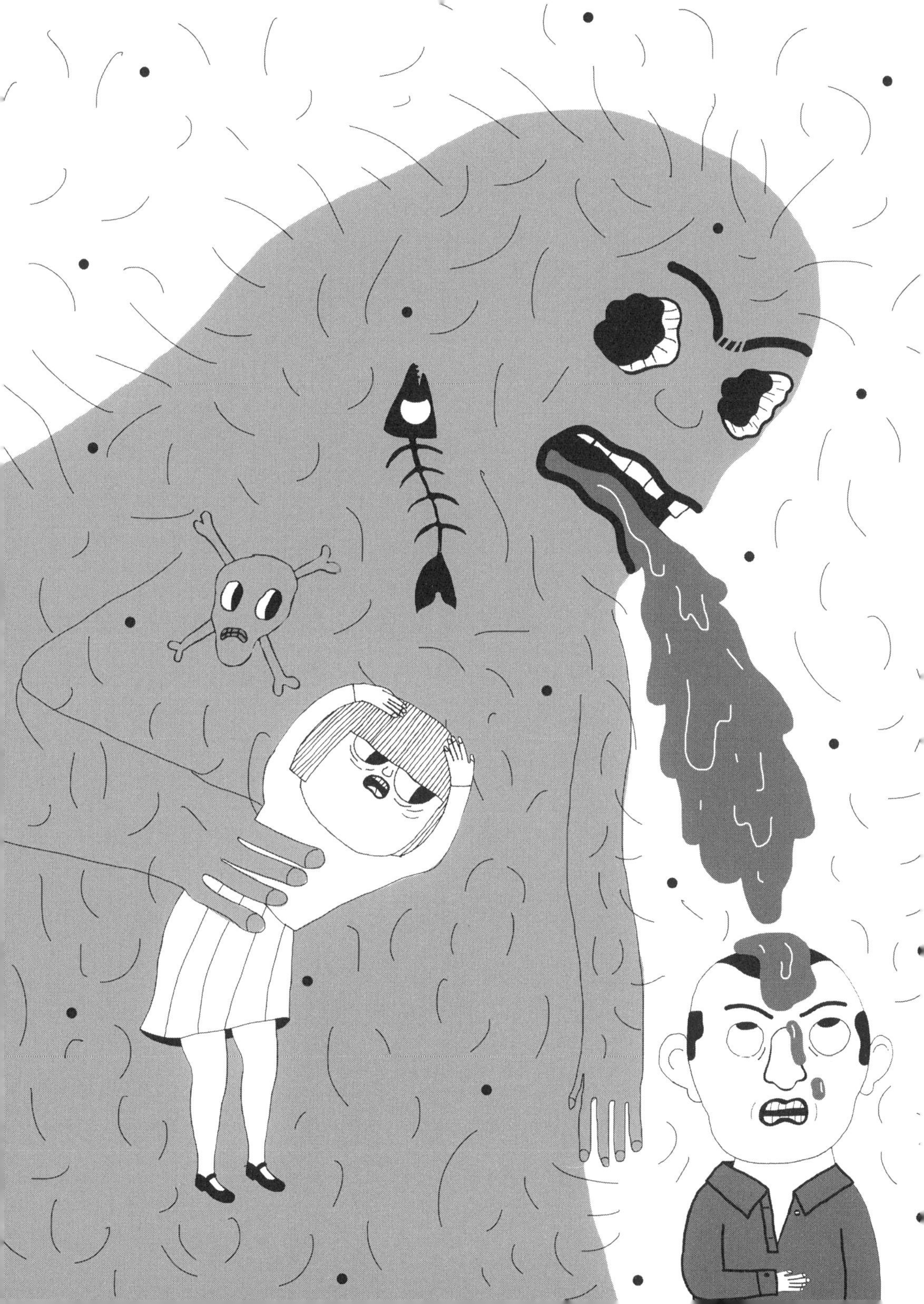

Alguien iba ganando y desde luego no era yo.

Mi ego era ambicioso y me exigía, me maltrataba, me cuestionaba, me destruía, decidía por mí. No me respetaba en absoluto, y nunca tenía suficiente.

Era puro egoísmo, calculador, y sobre todo odiaba los imprevistos porque no le permitían tener el control.

A mí no me quedaban fuerzas para retenerlo ni para ser dueña de mí misma.

(**Egoísmo:** *Que antepone el interés propio al ajeno.*

Control: *Dominio sobre algo o alguien, una forma de fiscalización.*)

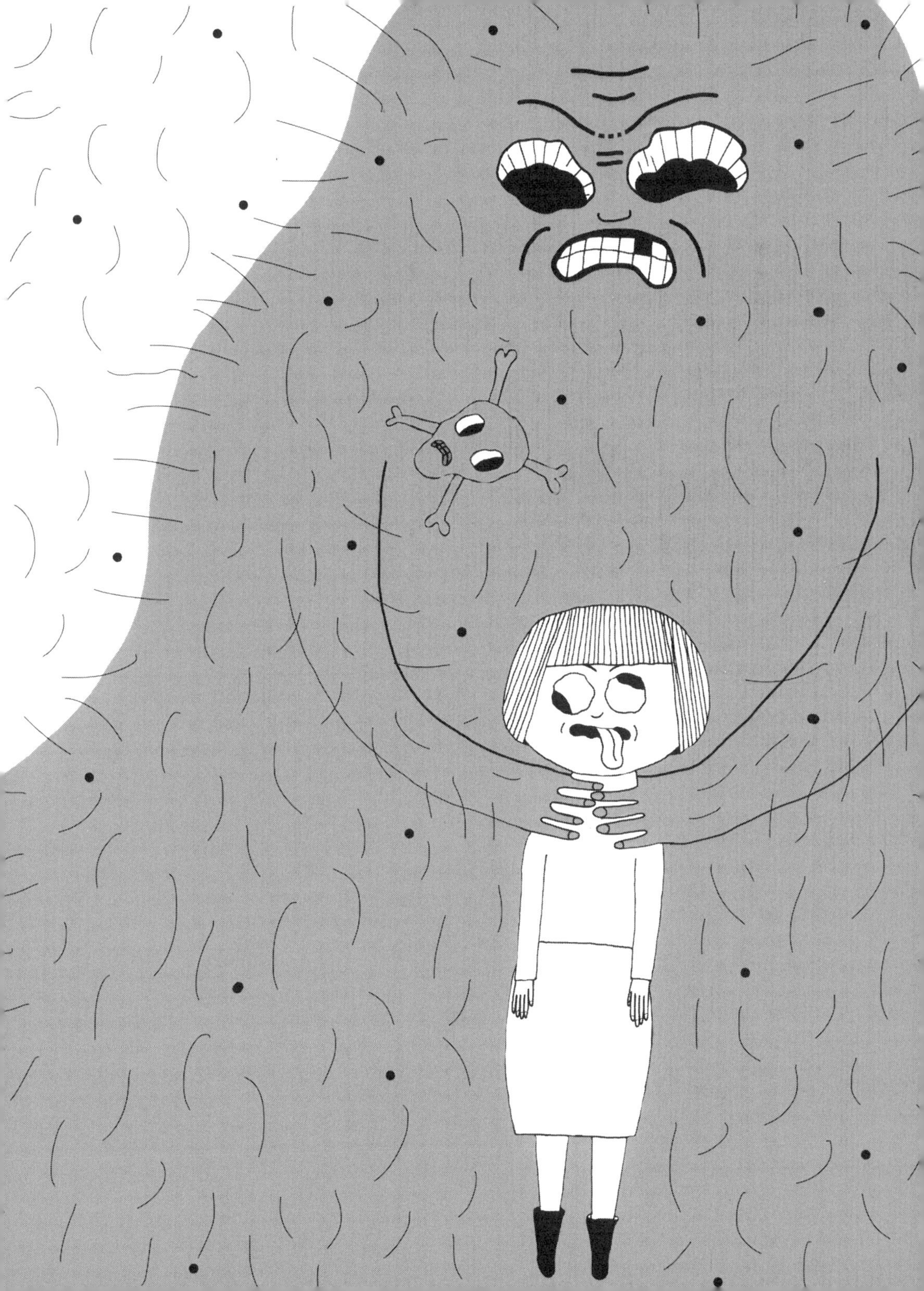

Vivía sin tregua ni descanso. Esto me creaba mucho estrés y era incapaz de

gestionarlo.

Tampoco tenía motivos para sentir una tristeza tan profunda.

Acabé por asumirlo como algo normal, como un rasgo del carácter.

Poco a poco fui esfumándome de mí misma.

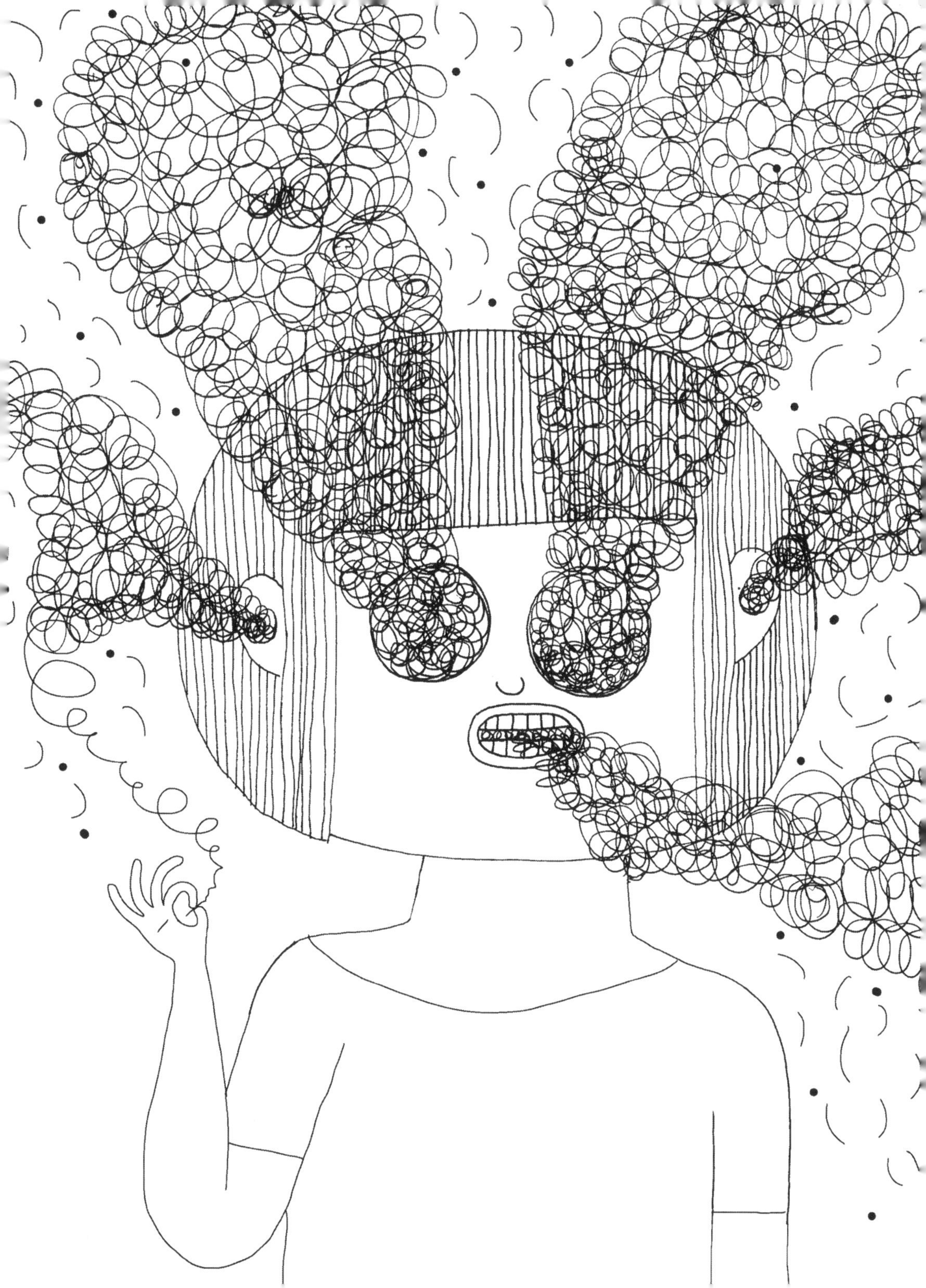

Hasta que un día desaparecí y dejé allí mi cuerpo, viviendo en su parte más oscura.

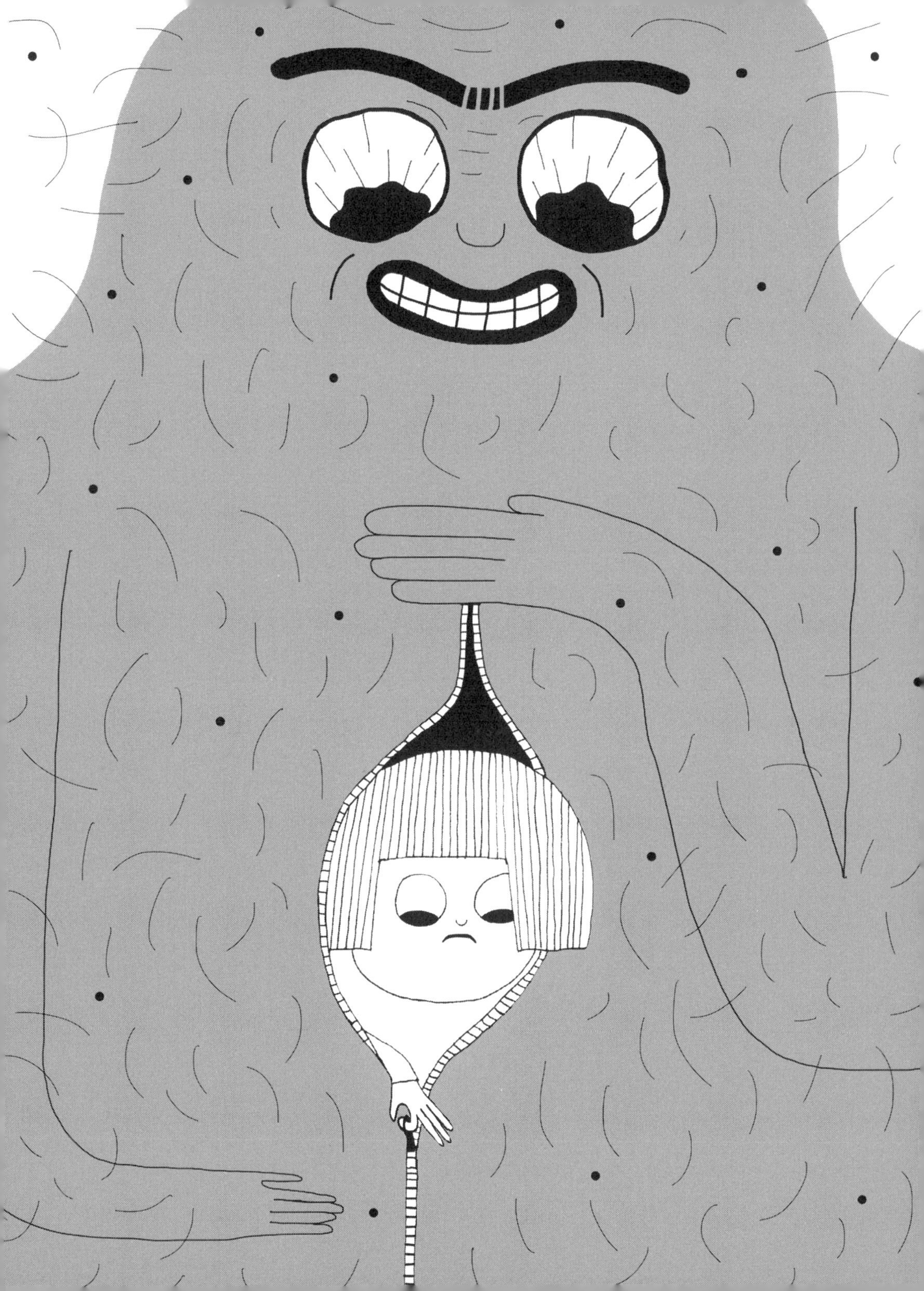

Y empezó la caída.

Aumentada por la Ley de la Gravedad.

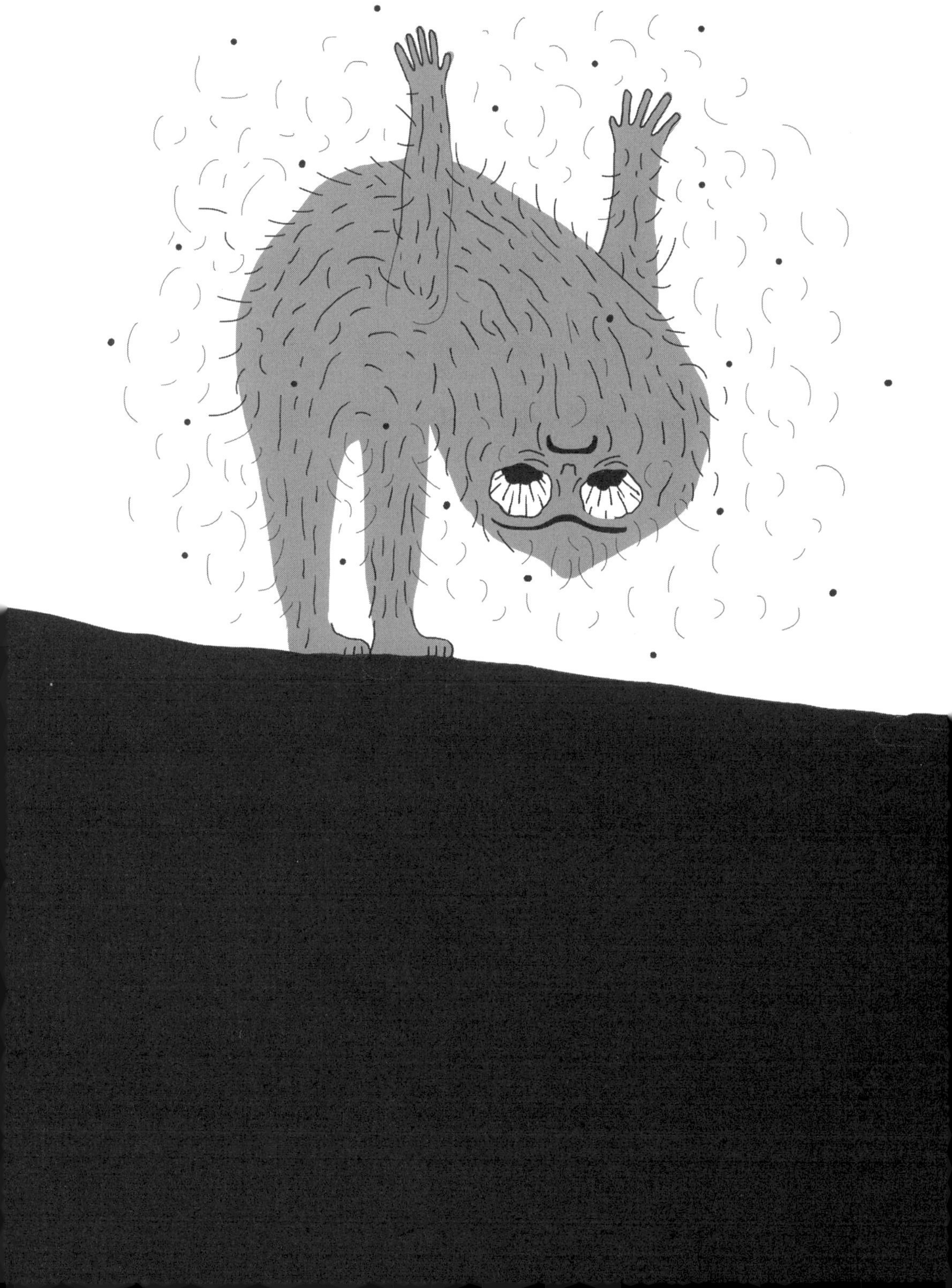

Y acompañada de una gran fatiga.

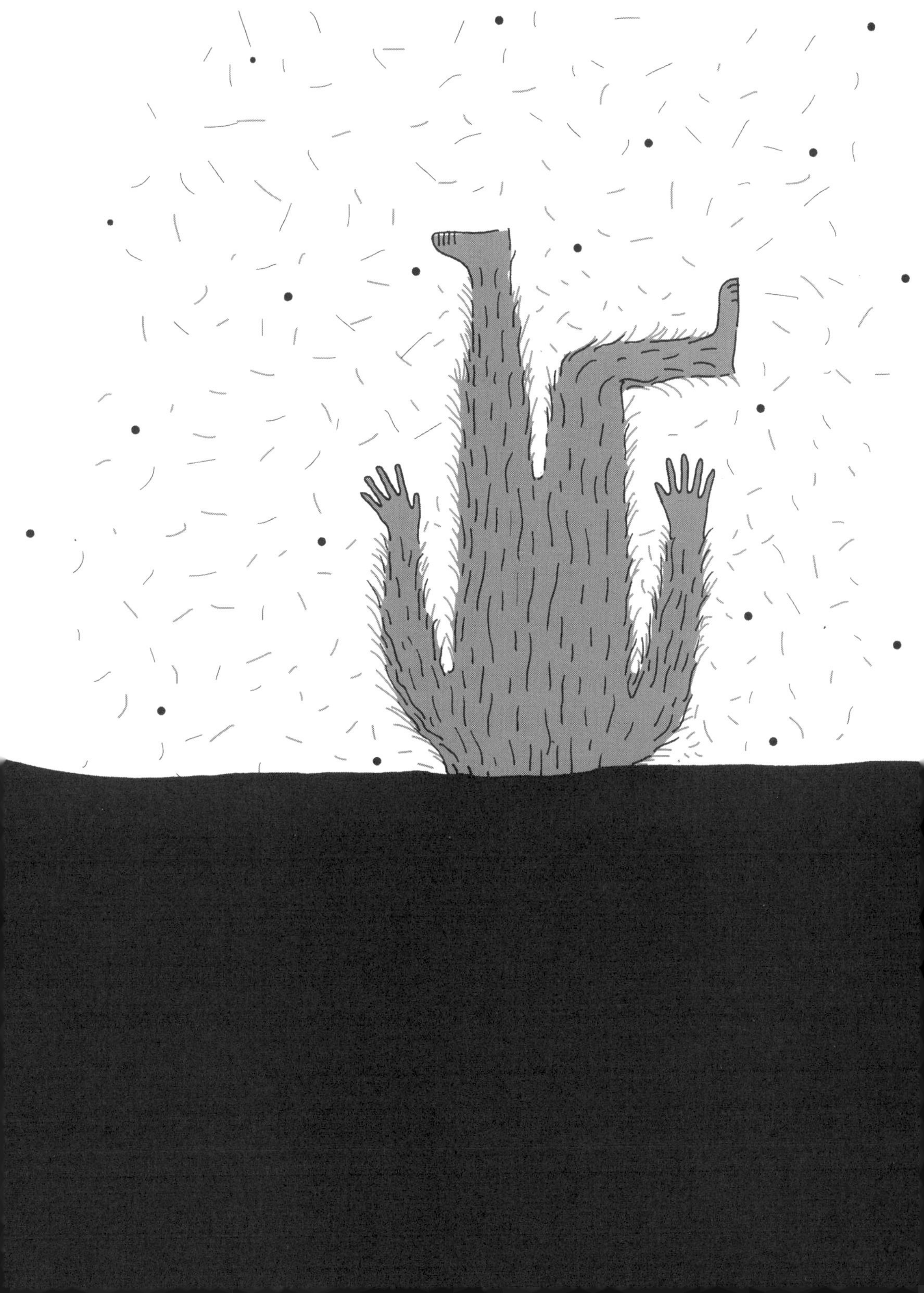

2

Empecé una vida en horizontal.

Congelé mis neuronas.

El tóxico fermentó.

El trastorno se volvió enfermedad. Tenía depresión.

(**Enfermedad:** *Alteración leve o grave del funcionamiento normal de un organismo o de alguna de sus partes debida a una causa interna o externa.*)

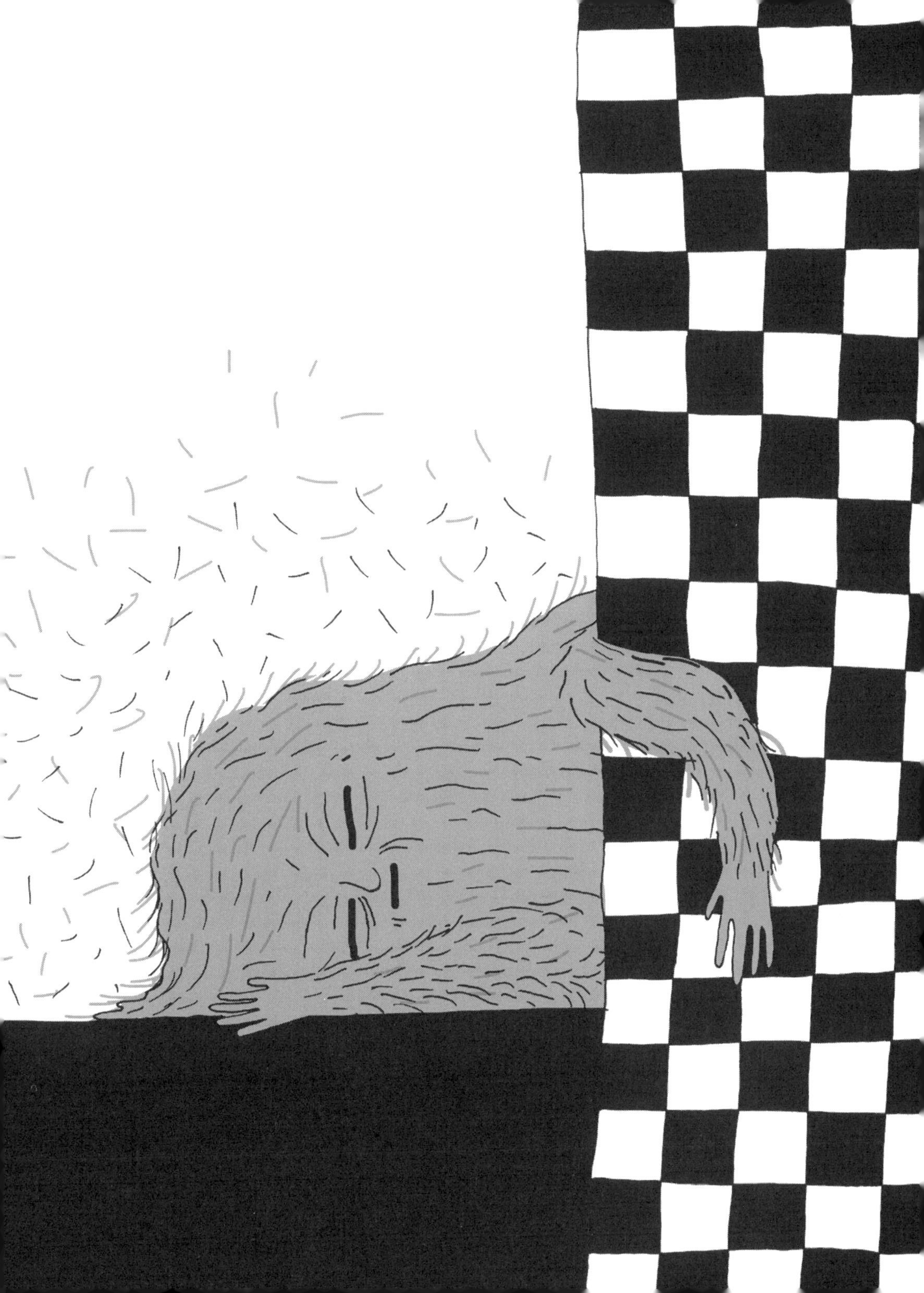

El miedo era el suelo donde pisaba y el vacío que se desintegraba bajo mis sábanas.

Vivía en el horror.

*(**Horror:** Sentimiento de gran miedo y repulsión causado por algo terrible o repugnante.)*

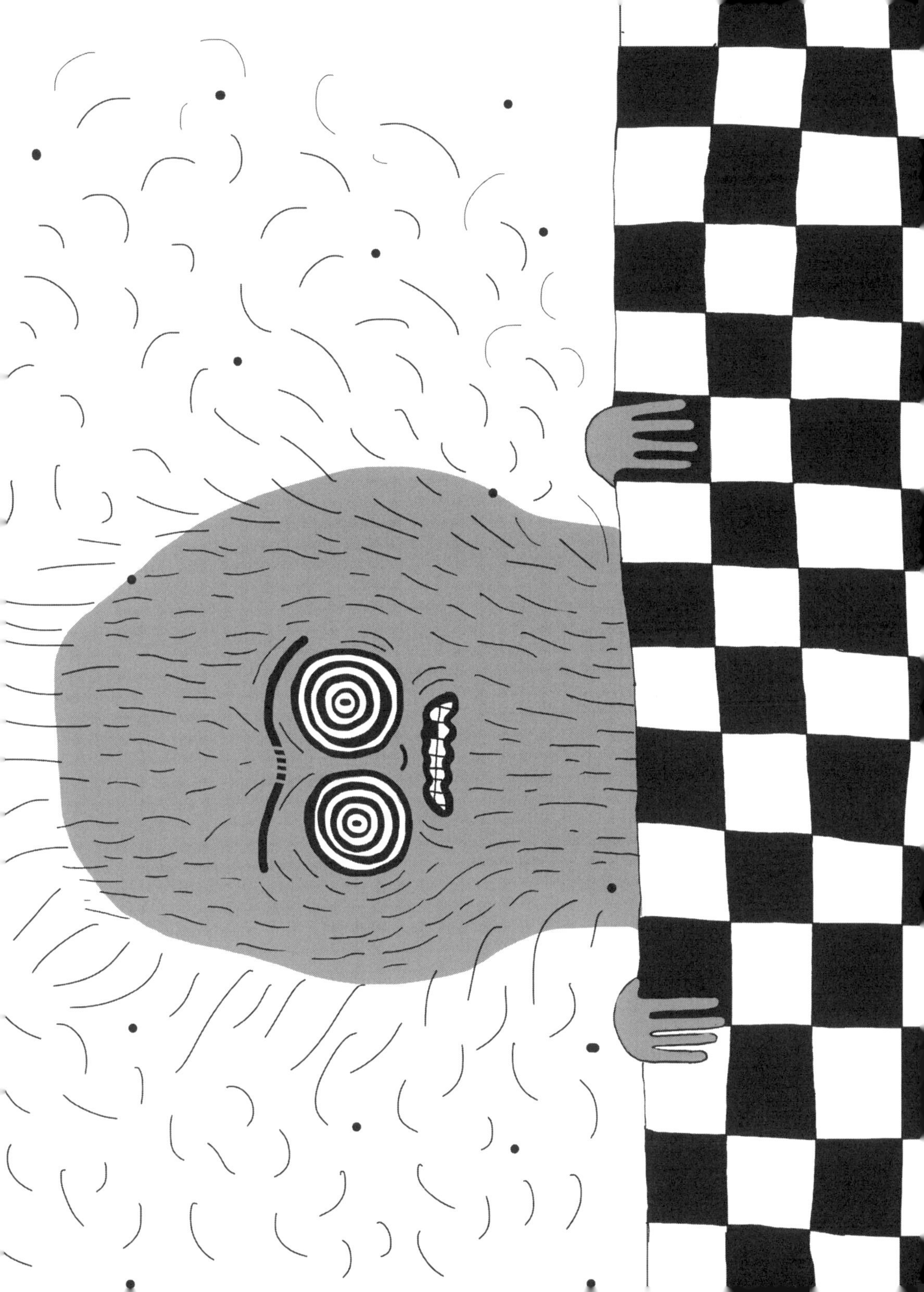

Y también en la ansiedad.

(**Ansiedad:** *Estado mental que se caracteriza por una gran inquietud, una intensa excitación y una extrema inseguridad.*)

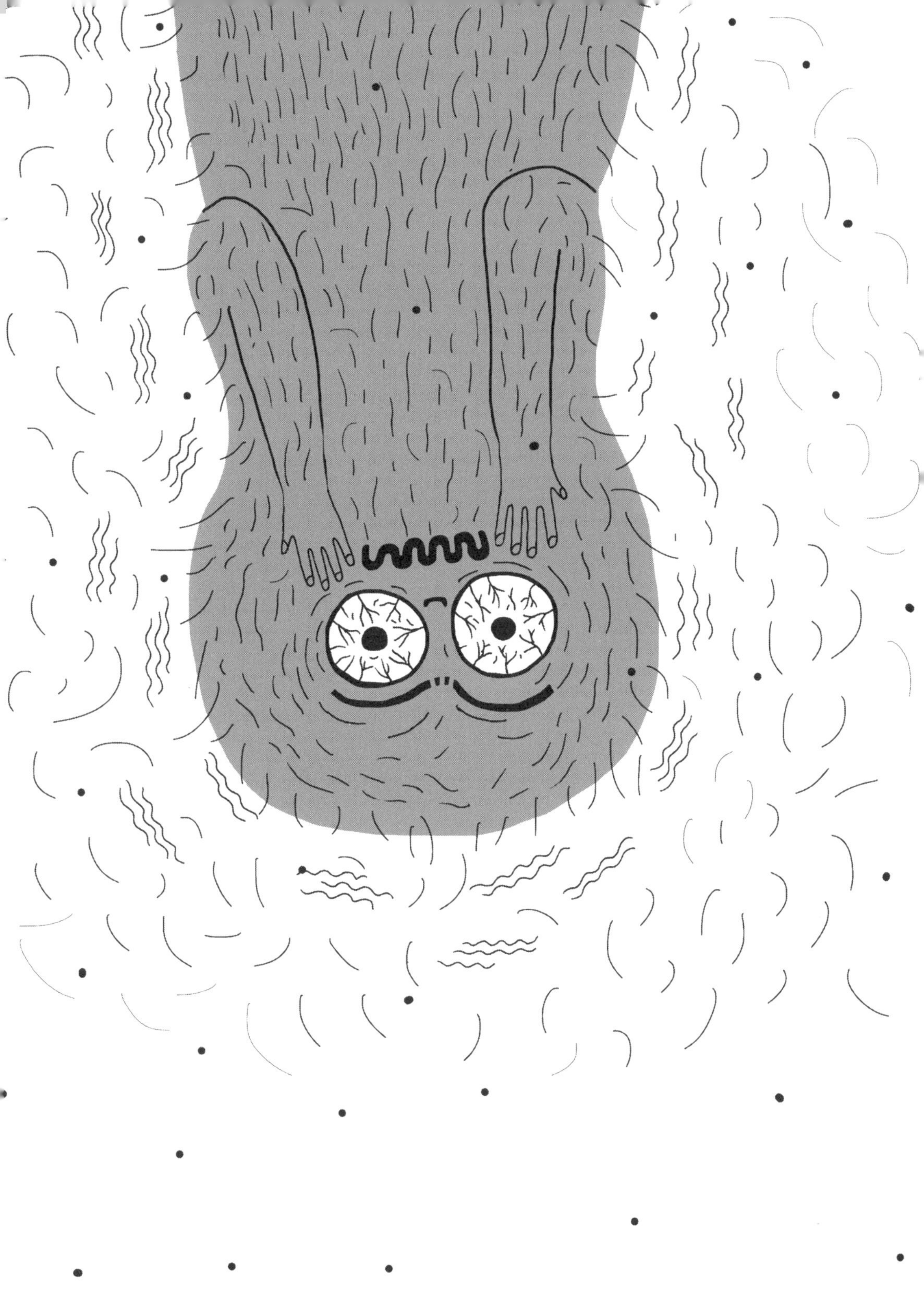

Era presa de la ira.

Una ira incomprensible y mezquina que focalizaba con calculada crueldad en las personas que me querían y que aguantaban las consecuencias de mi terrible sufrimiento.

¿Cómo se controla la ira?
¿Qué mecanismo la pone en marcha?

*(**Ira:** Sentimiento de enfado muy grande y violento.)*

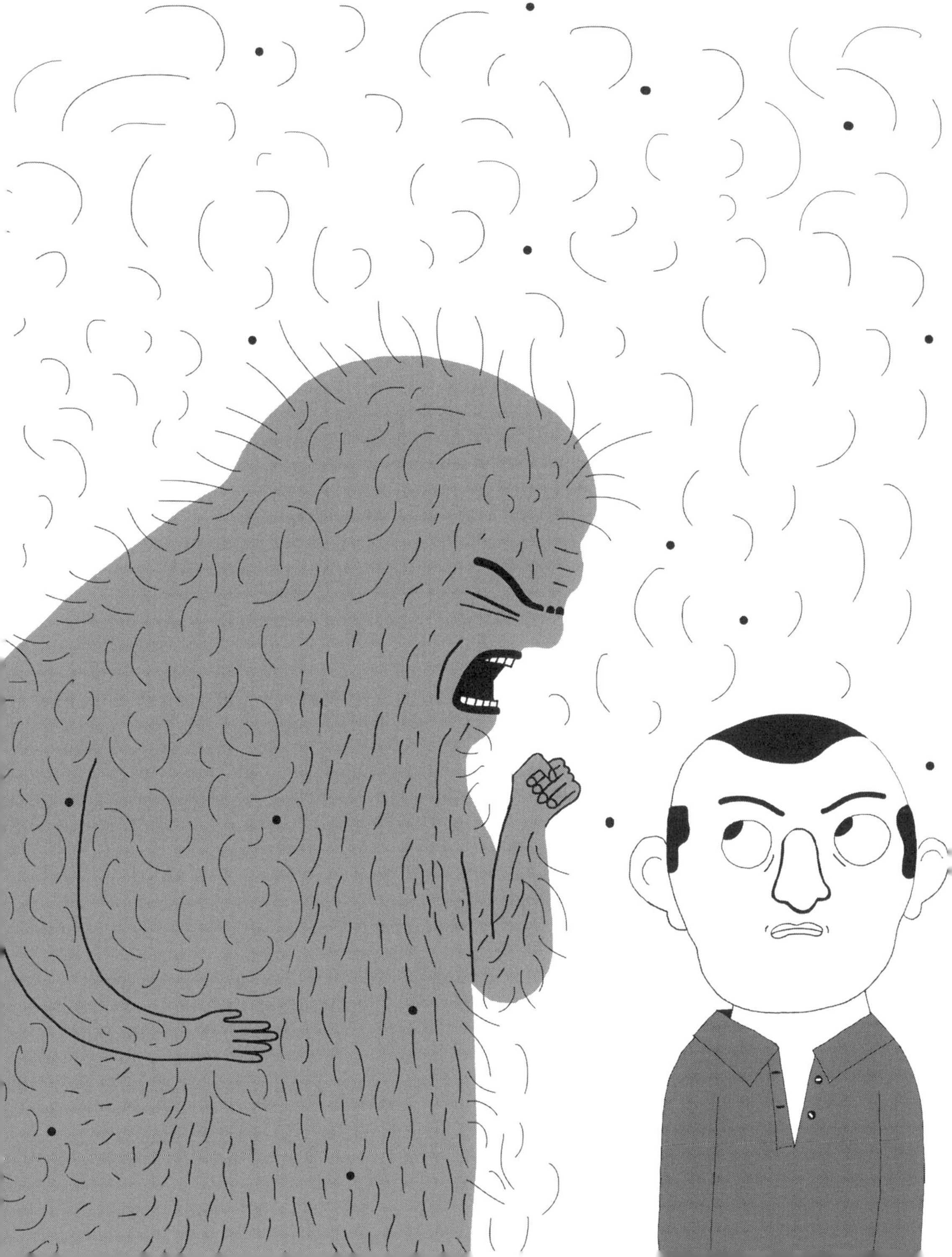

Hice un cambio de vestuario.

Había sido engullida por una nube densa y oscura, que acabó convirtiéndose en mi propio airbag.

Necesitaba ponerme cómoda. Cambié mis vestidos por un chándal.

(**Chándal:** *Prenda para hacer deporte que consiste en dos piezas: pantalón y chaqueta.*)

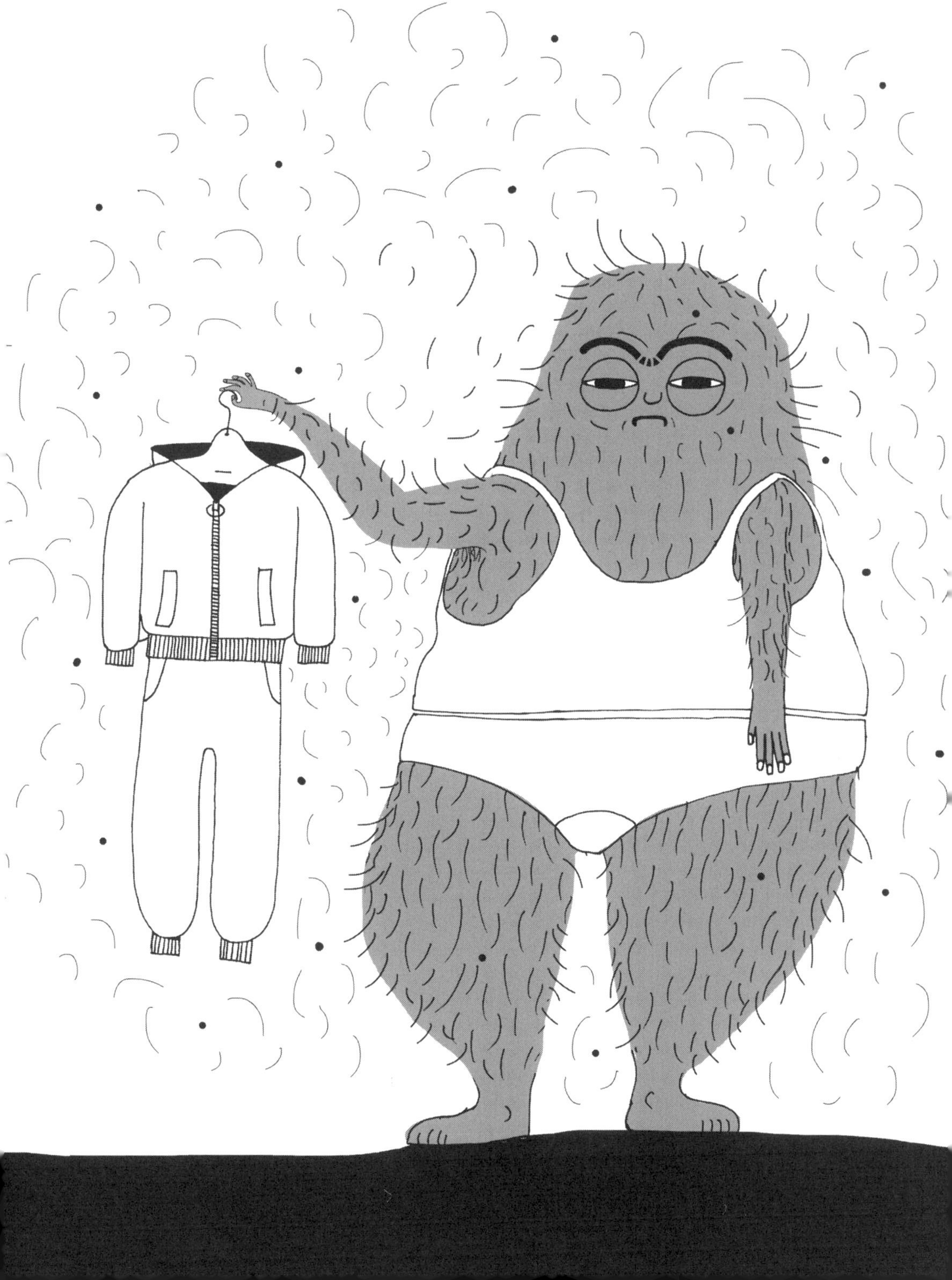

También padecía insomnio.

Se me confundían los días y las noches.

*(**Insomnio:** Falta anormal del sueño y dificultad para conciliarlo.)*

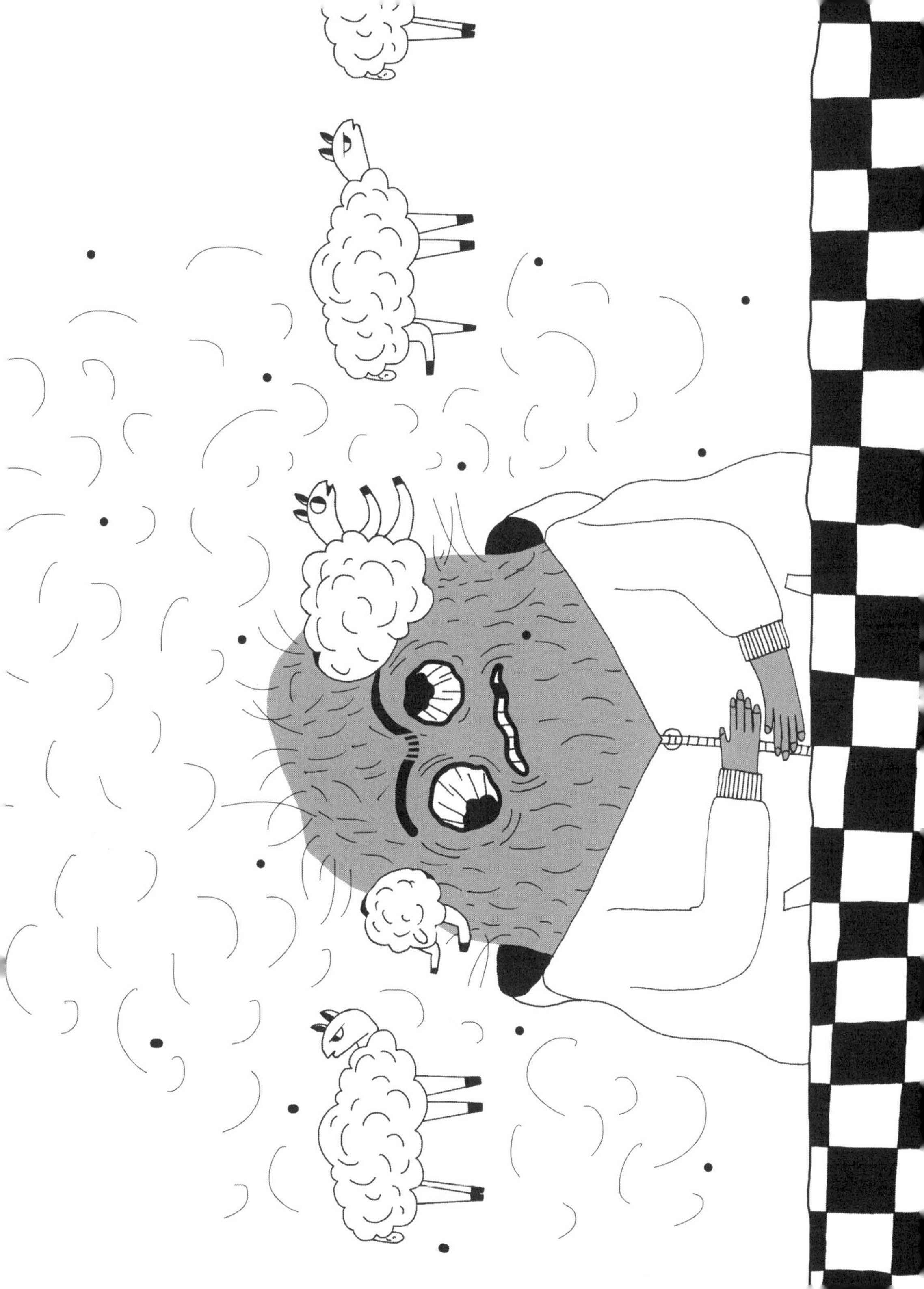

Empecé a hablar sola.

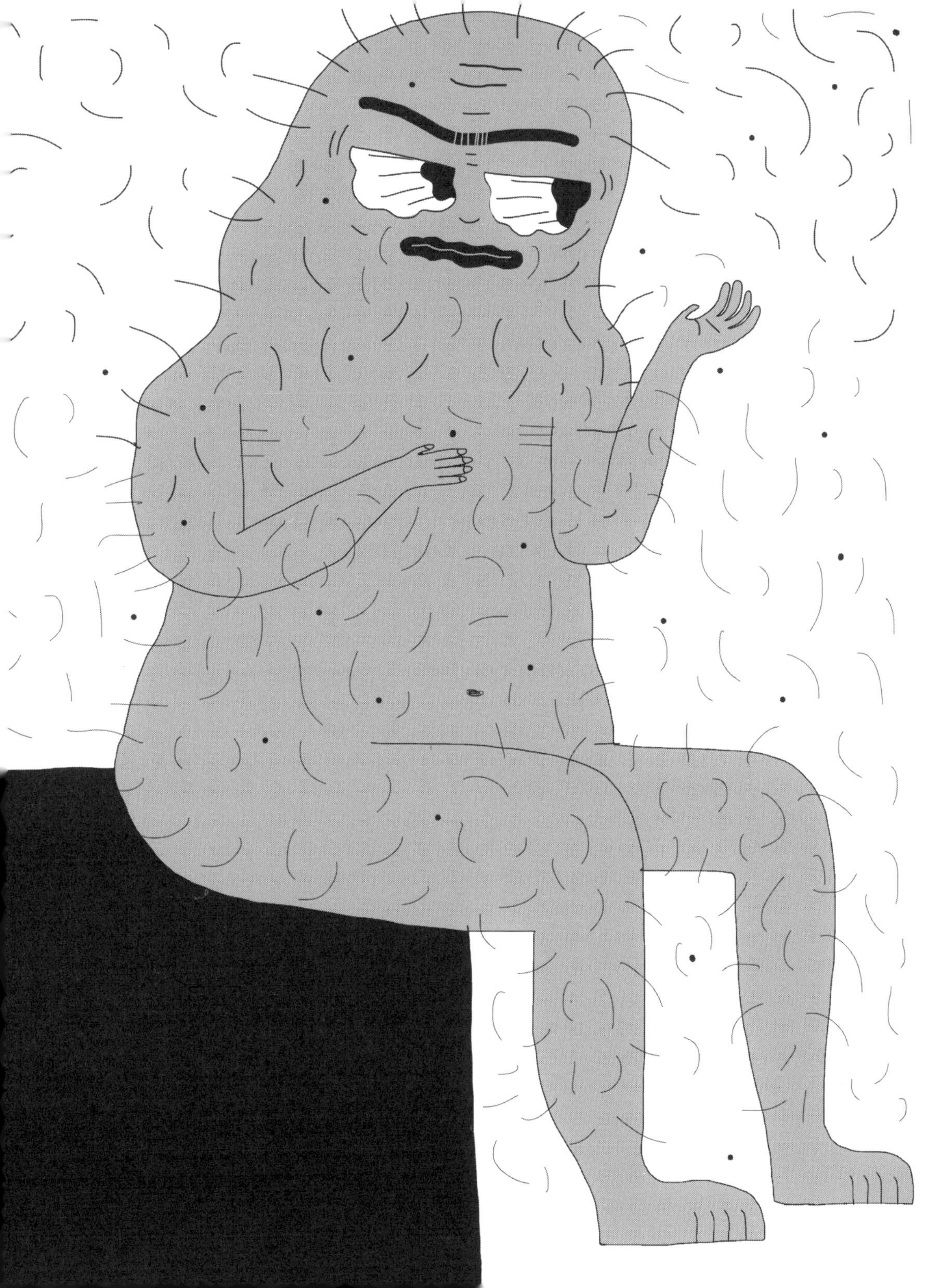

Estaba completamente desorientada.

Me perdía en lugares que conocía y daba tumbos como en un laberinto sin encontrar nunca la salida.

(**Desorientación:** *Pérdida de la noción del tiempo y del espacio.*

Laberinto: *Lugar de difícil acceso y tránsito.)*

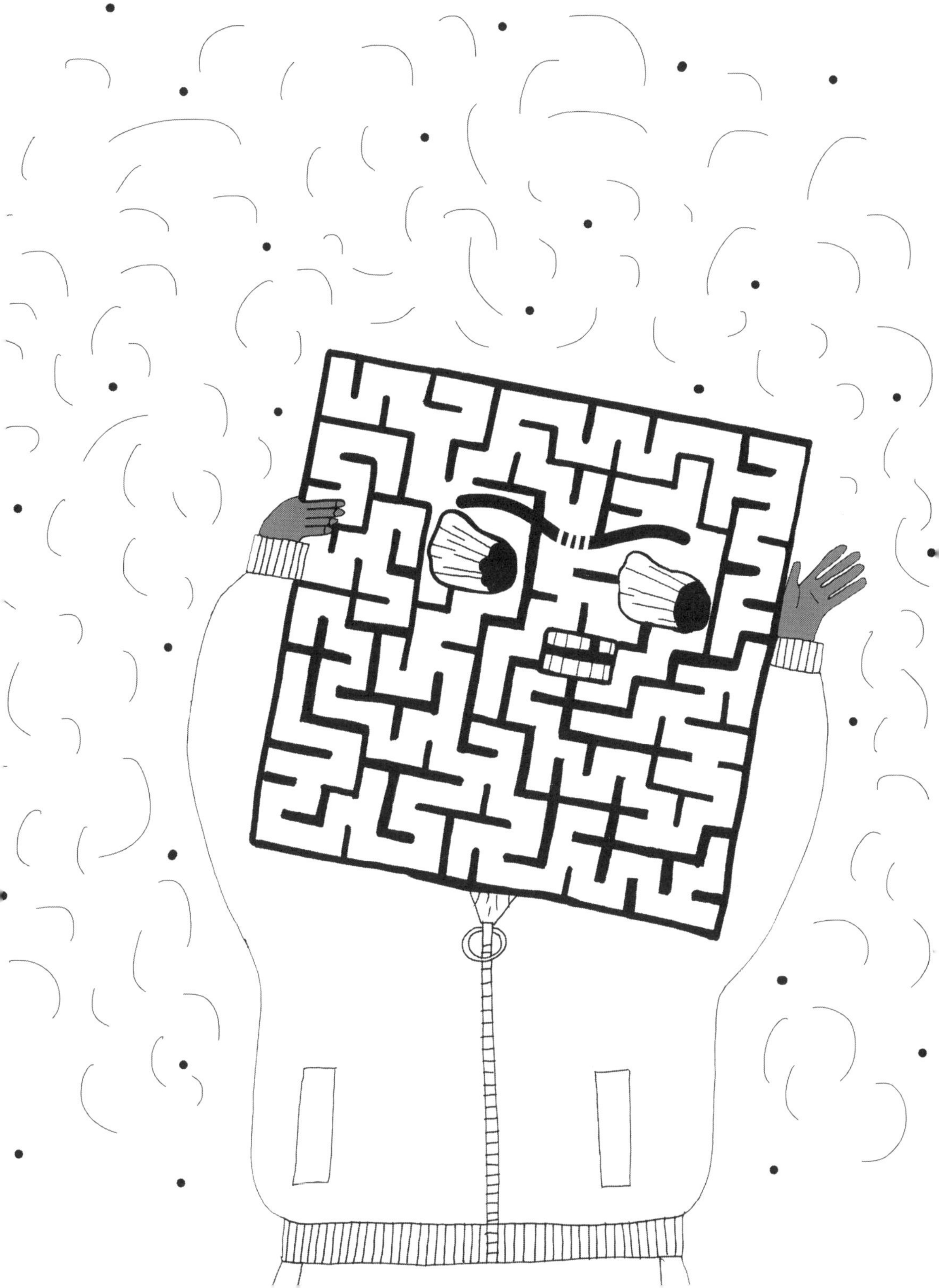

Andaba siempre, a todas horas, con la misma fijación.

Una idea intensa y persistente:

¿Tenía alguna buena razón para no suicidarme?

Pero no tenía ningún plan específico y siempre lo acababa aplazando,

como quien pospone el dejar de fumar.

(**Suicidio:** *Quitarse voluntariamente la vida.*)

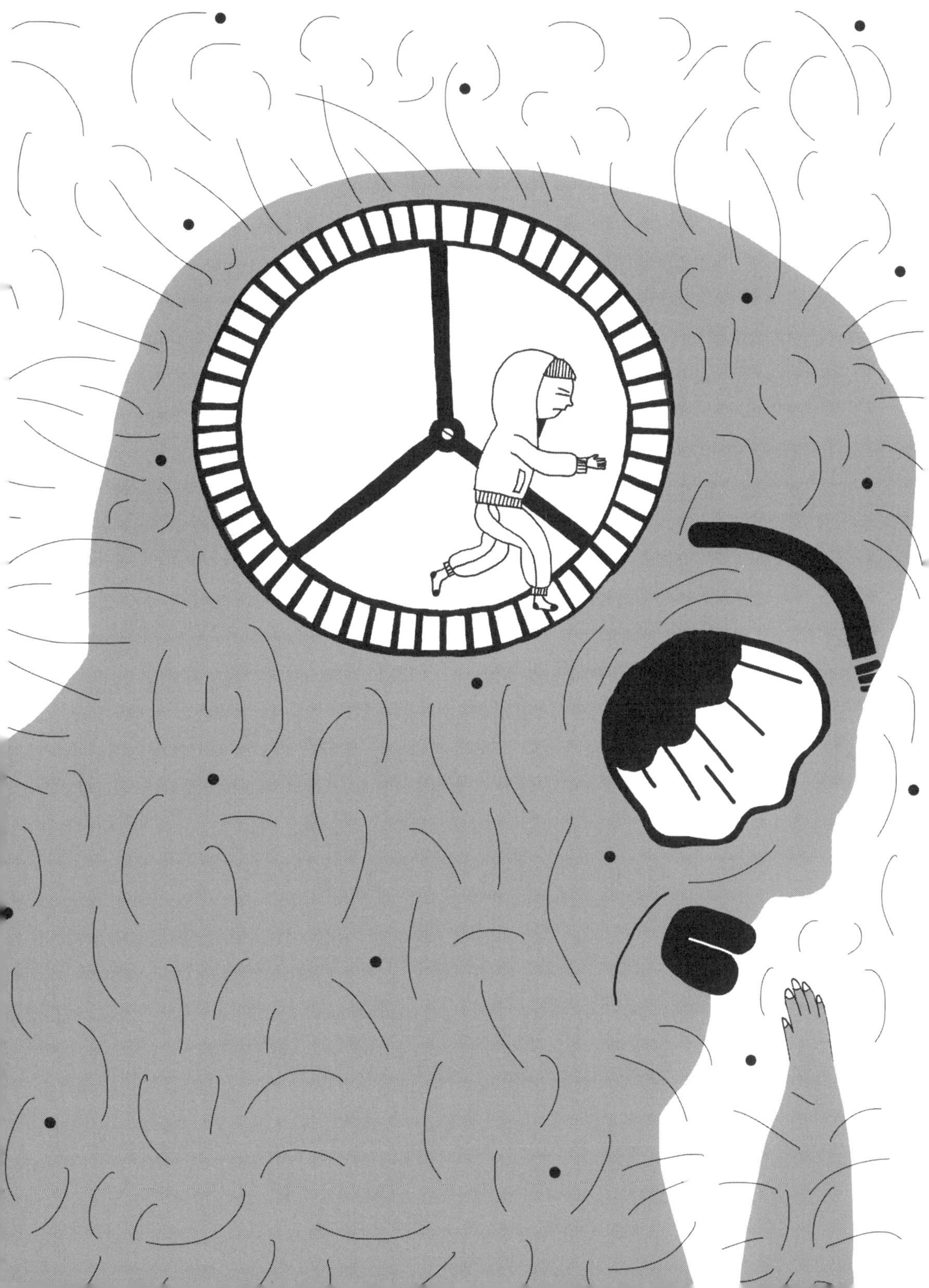

A veces, el alcohol, el tabaco y las pastillas eran mi botiquín.

Llenaban momentáneamente mi vacío.

Salía de mi cuerpo para distraerme un rato, pero cuando volvía, mi cuerpo seguía allí, esperándome para continuar la pesadilla.

Cuantas más drogas y alcohol, más vacío. Alimentaba un círculo que era imposible cuadrar.

*(**Pesadilla:** Sueño desagradable que produce angustia, ansiedad, miedo o terror.)*

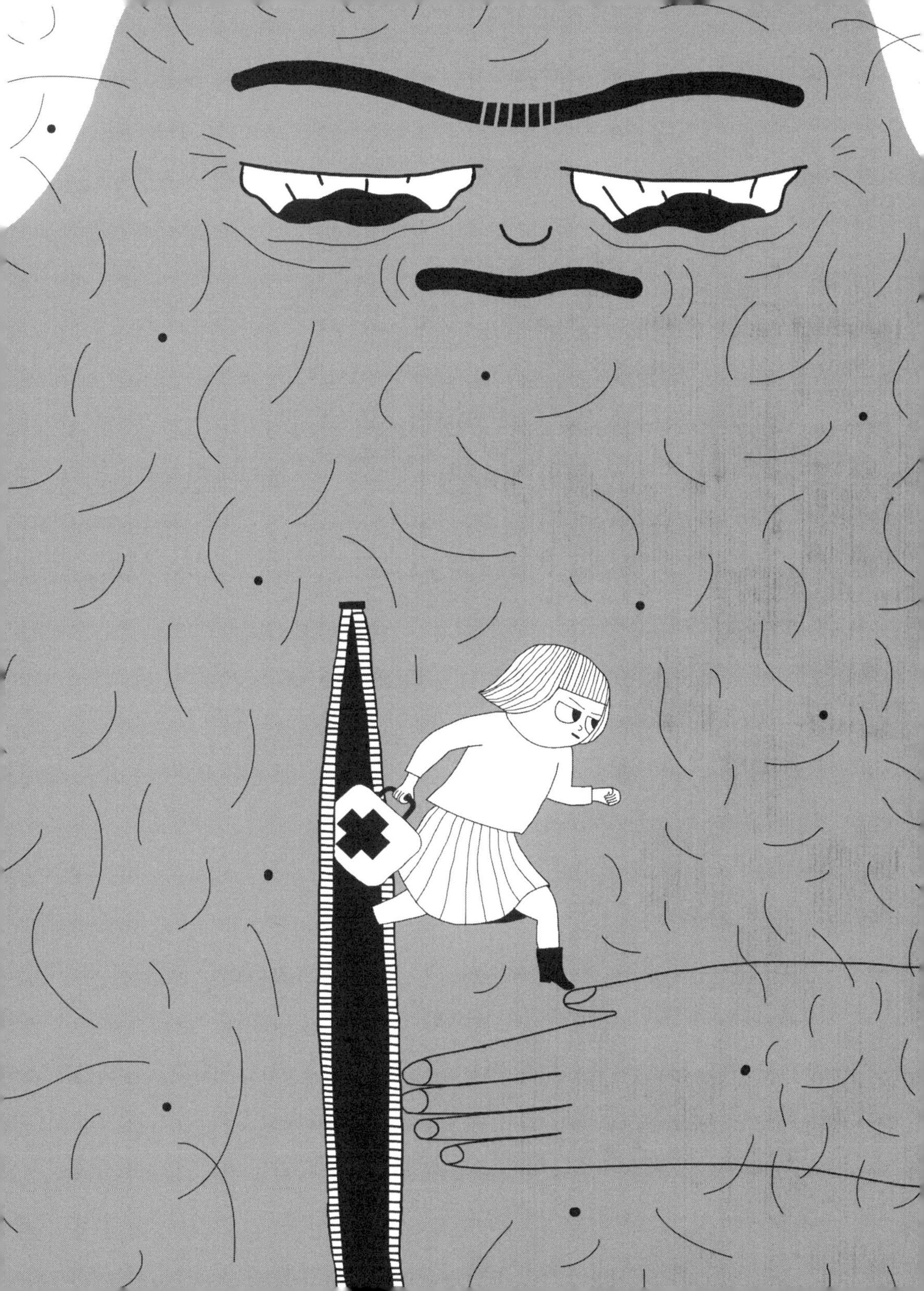

Desempeñar una tarea fácil y cotidiana se convirtió en una gran proeza.

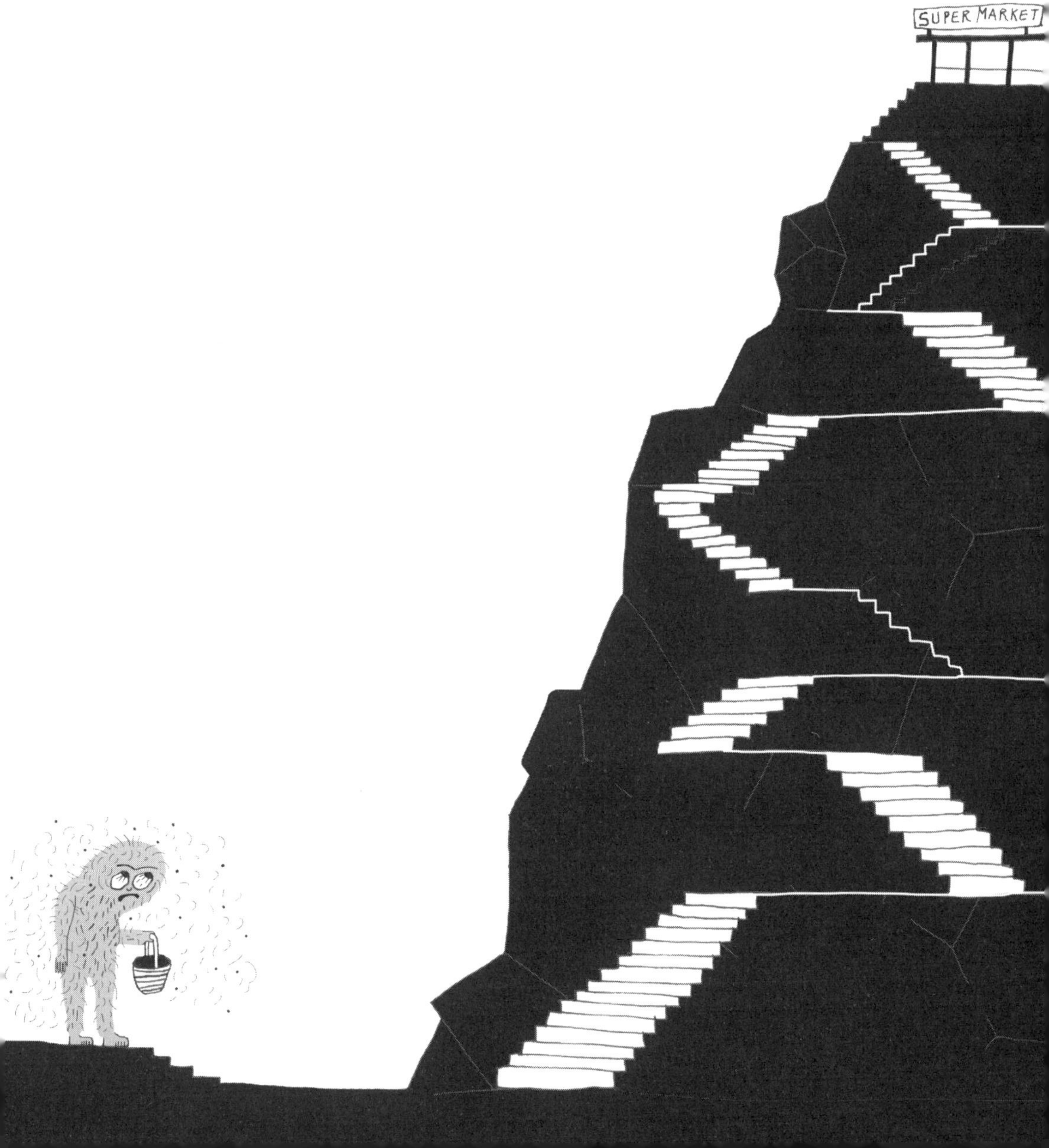
SUPER MARKET

Descartaba situaciones que requerían de un pequeño esfuerzo.

No soportaba las visitas.

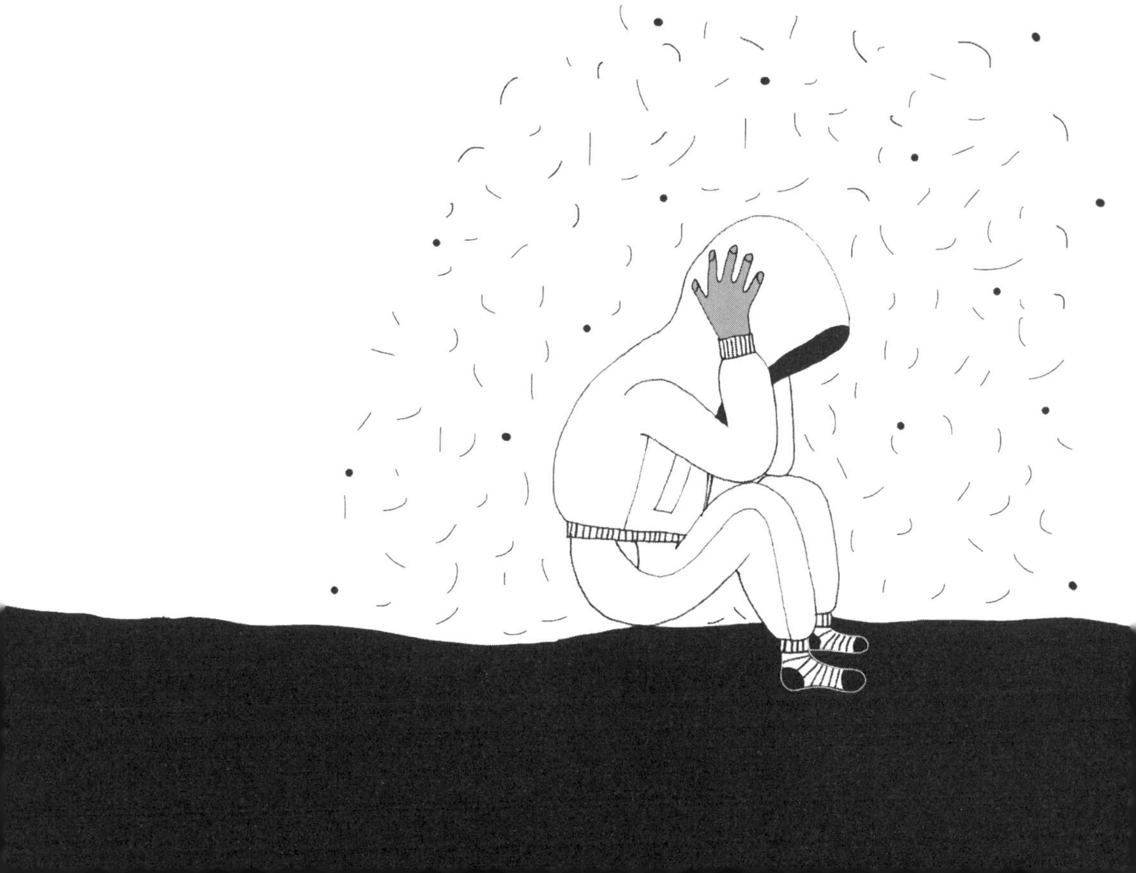

Cambié el verbo comer por engullir.

Me volqué en comidas absurdas, mezclando sabores y texturas, basadas en alimentos procesados y con un alto grado de grasas saturadas.

Calmaban mi ansiedad, pero me creaban una nueva adicción.

*(**Engullir:** Tragar algo precipitadamente, de golpe o sin moderación.)*

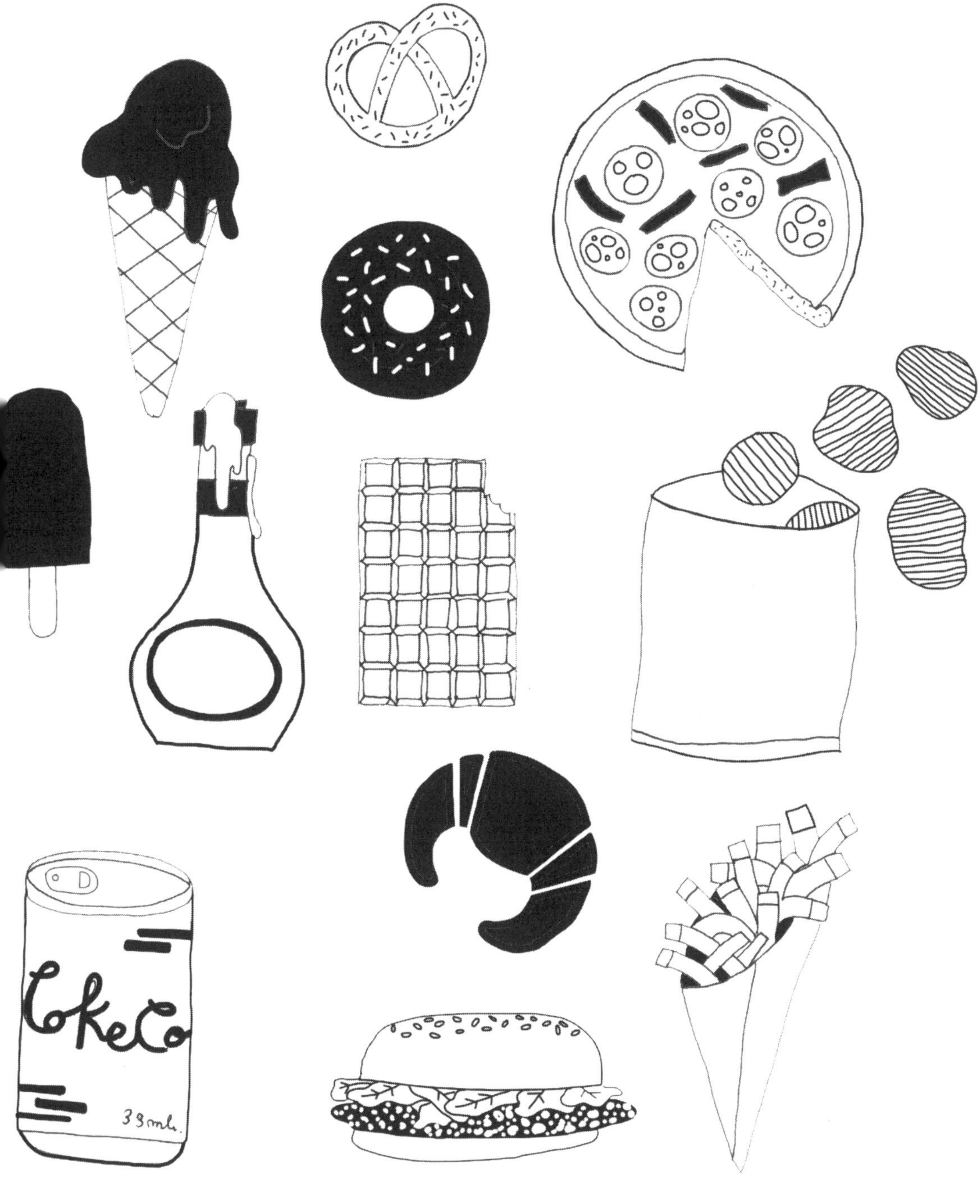
CokeCo
33ml.

No podía concentrarme.

Menos aún tomar decisiones.

Mi cerebro huía de cualquier concepto o idea porque acababa sometiéndose al caos.

El caos se tornó indiferencia.

*(**Caos:** Desorden o confusión absolutos.)*

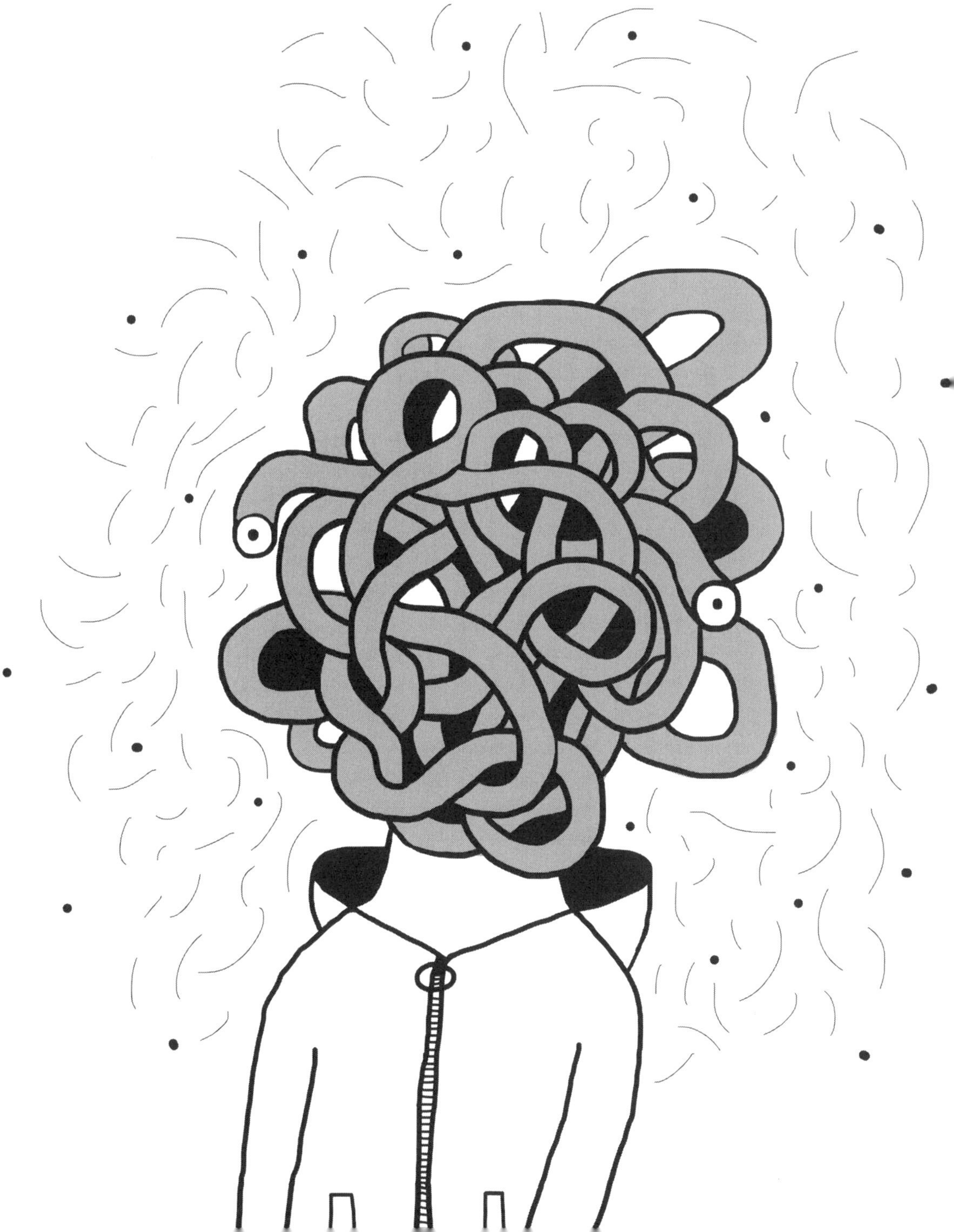

Me sentía inútil y culpable:

del hambre del mundo,

de las guerras,

del cambio climático,

del sufrimiento animal,

de los maltratos,

de las enfermedades,

del terremoto en Oriente,

de la melancolía del perro del vecino,

de las frustraciones de los que me rodeaban...

Era agotador.

(**Culpa:** *Responsabilidad que recae sobre alguien por haber cometido un acto incorrecto.*)

Imposible dibujar mi culpabilidad.

Me gustaba la oscuridad.

Cerré puertas, ventanas y postigos.

Poca ventilación.

El aire es movimiento, el movimiento es vida.

¿Vida para qué?

¿Para qué activarse?

(**Activar:** *Hacer que un mecanismo se ponga en funcionamiento.*)

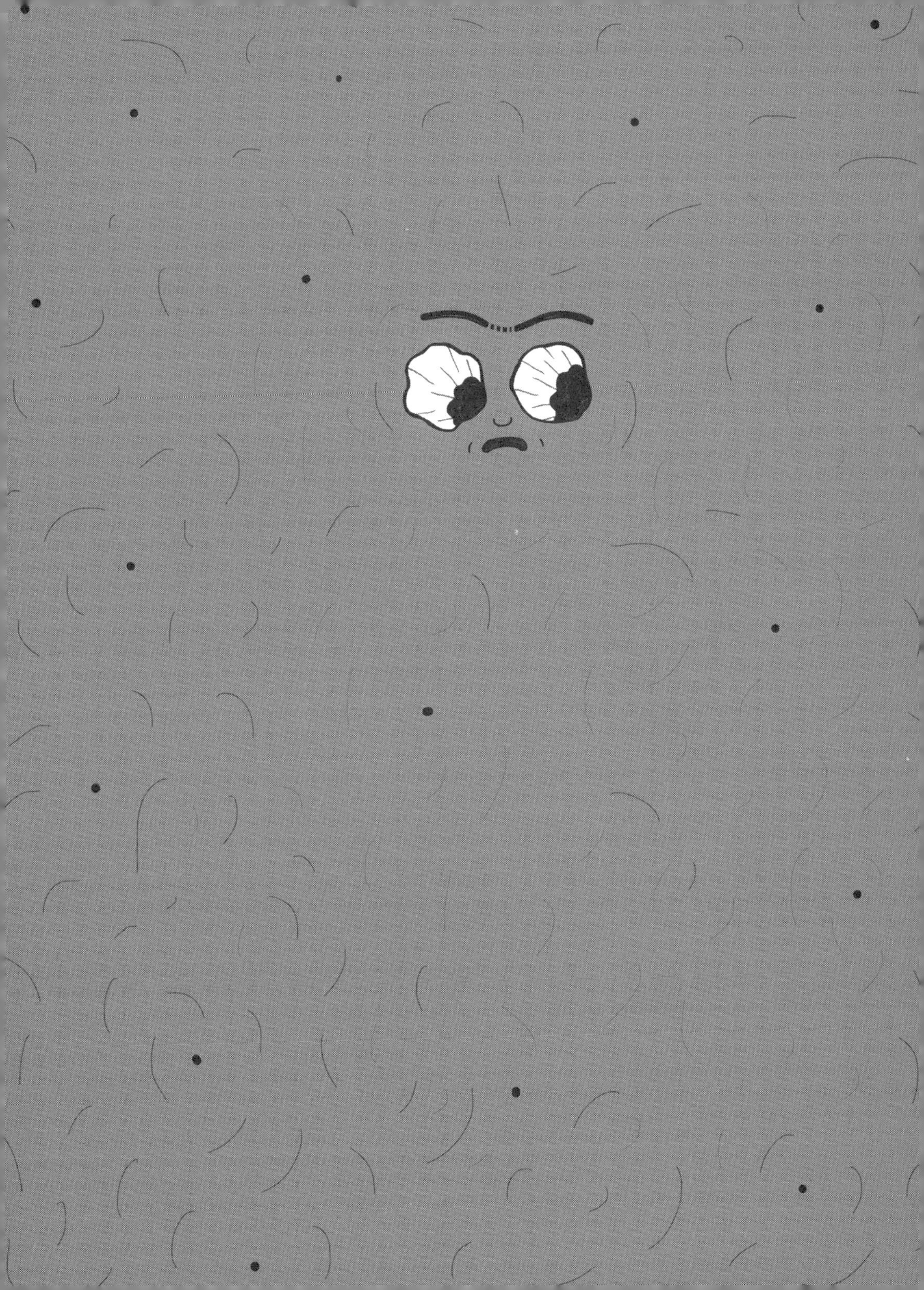

La apatía me llevó al abandono y este, a la dejadez.

La dejadez, a la suciedad.

Mi casa era un vertedero.

No soportaba el agua, y menos la ducha.

Era mi gran zona de confort.

*(**Dejadez:** Negligencia o abandono de sí mismo o de sus cosas.)*

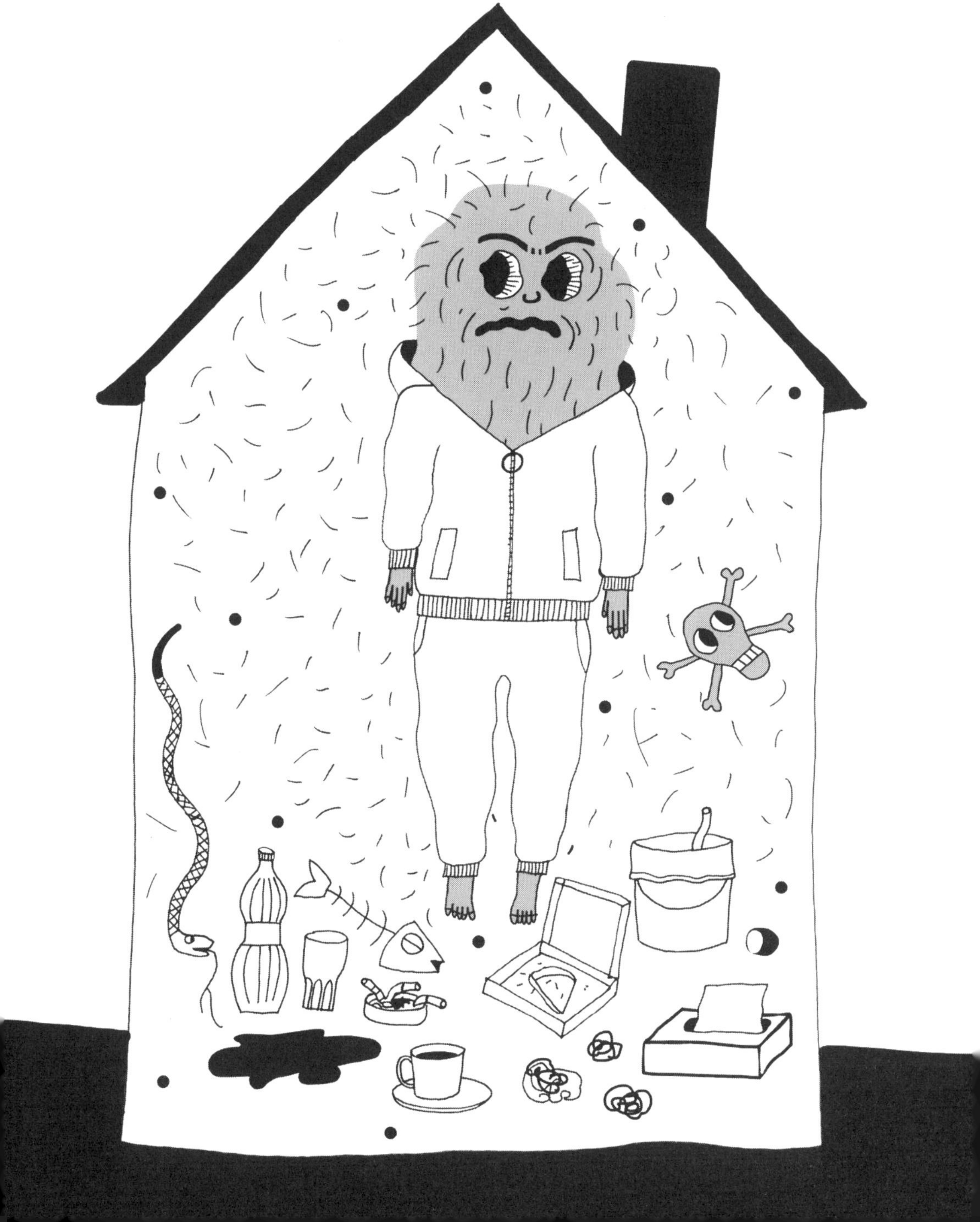

Mi lenta e insoportable agonía transcurría del sofá a la cama y de la cama al sofá.

Pasaba tardes enteras intentando activarme, pero una fuerza superior me tenía atrapada y al final nunca lo conseguía.

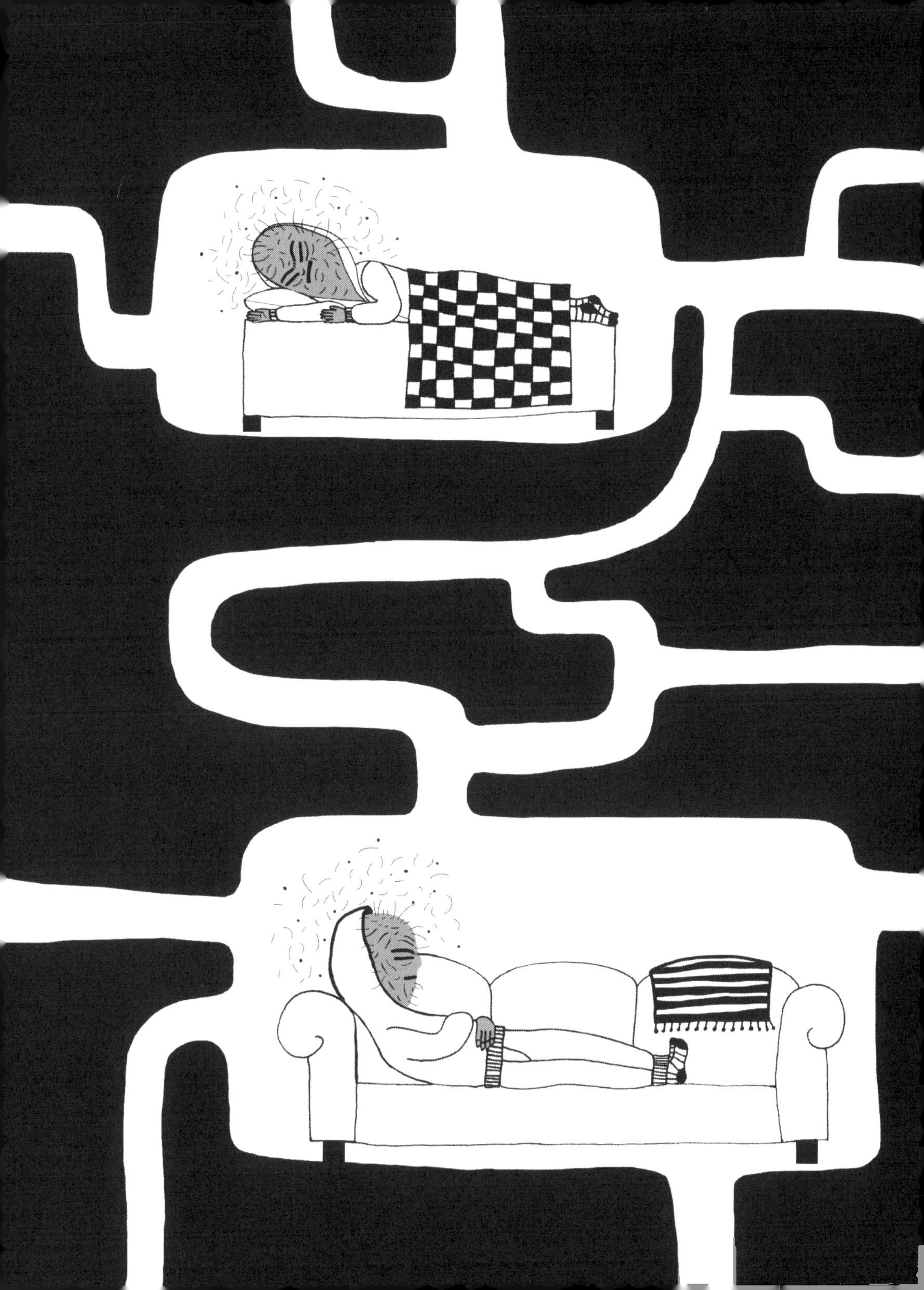

Mi sistema immunológico no era capaz de luchar contra los virus, en poco tiempo enfermé repetidamente de:

gastrointeritis

faringitis

otitis

conjuntivitis

dermatitis

laringitis

cistitis

...

Estaba asistiendo a otra clase de suicidio.

(**Sistema inmunológico:** *Es la defensa natural del cuerpo contra las infecciones.*)

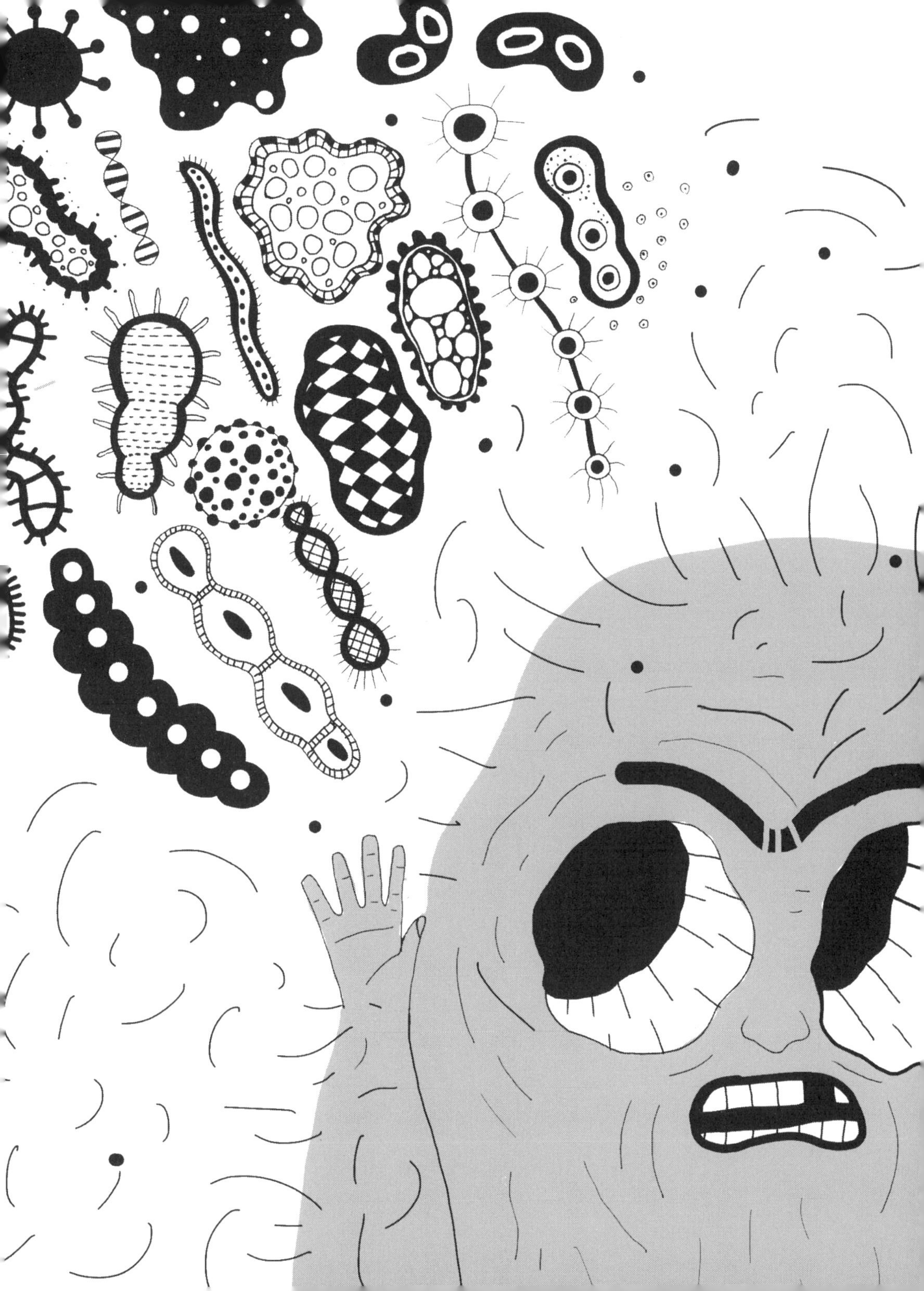

Tenía hipersensibilidad acústica. No soportaba el ruido, tampoco la música, que se convertían en un martilleo constante dentro de mi cerebro. Deseaba el silencio por encima de todas las cosas.

*(**Hipersensibilidad acústica:** Trastorno auditivo que se caracteriza por una incapacidad o dificultad para tolerar los sonidos comunes.)*

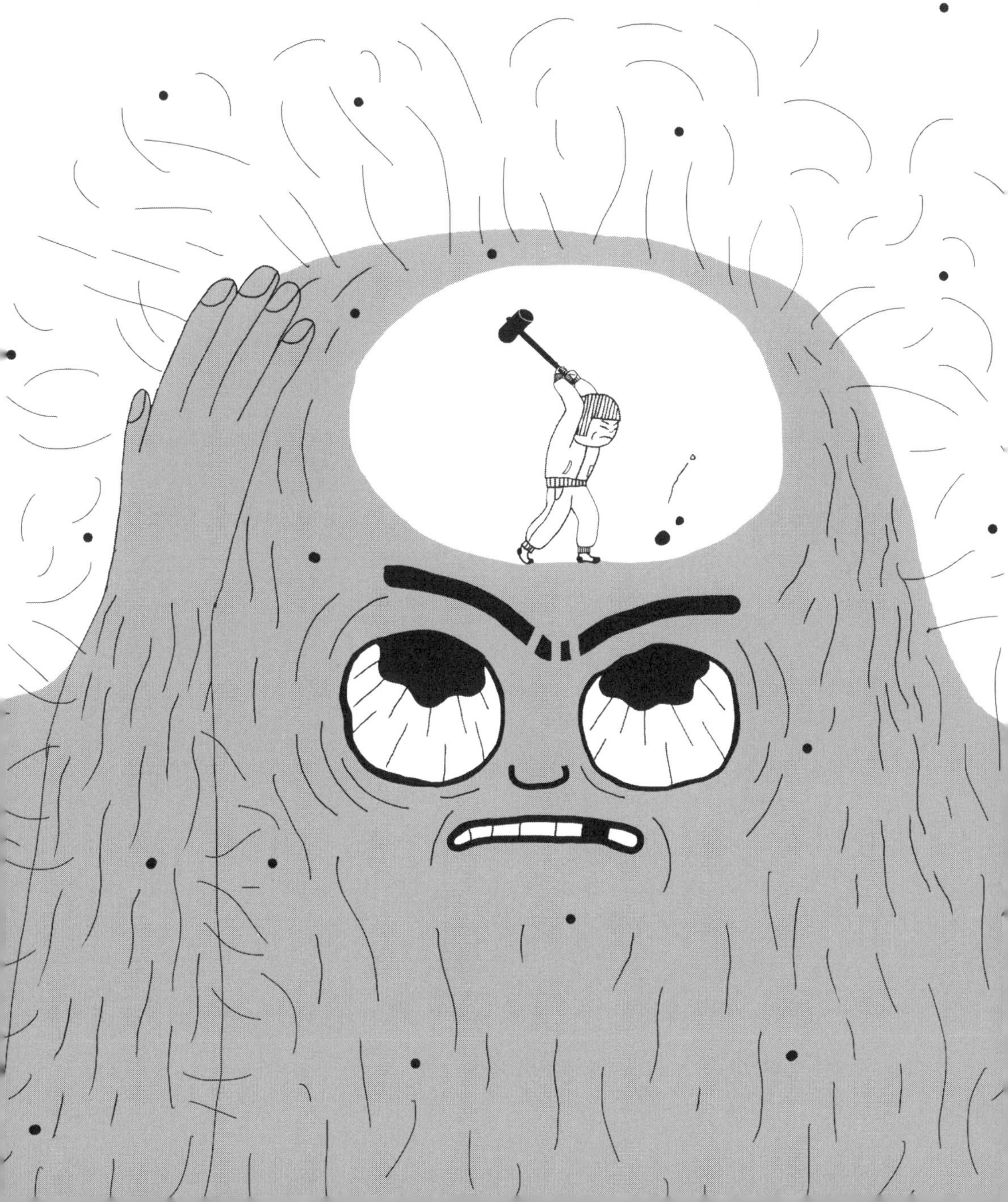

Lo único que asusta más que la certidumbre de que has tocado fondo es el temor de no haberlo hecho.

Nadie me avisó de que estaba enferma y yo era incapaz de discernir entre la salud y la enfermedad.

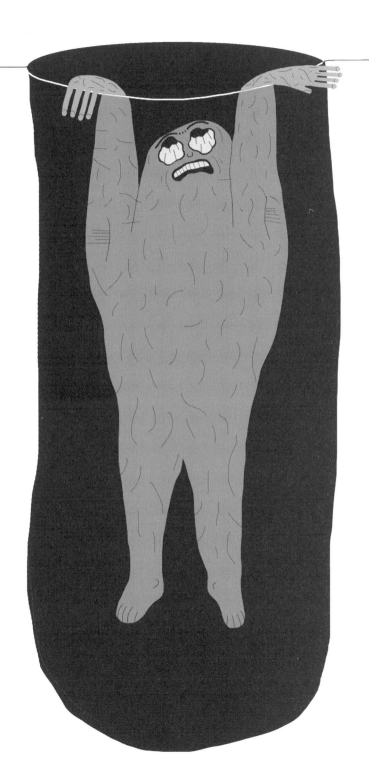

Y poco a poco fui deteriorándome. Desintegrándome.

Desapareciendo y ahogándome en mí misma.

Hundida en mi propia miseria.

(**Desintegrar:** *Dividir una cosa en fragmentos.*

Miseria: *Infortunio, estrechez o pobreza que sufre una persona.*)

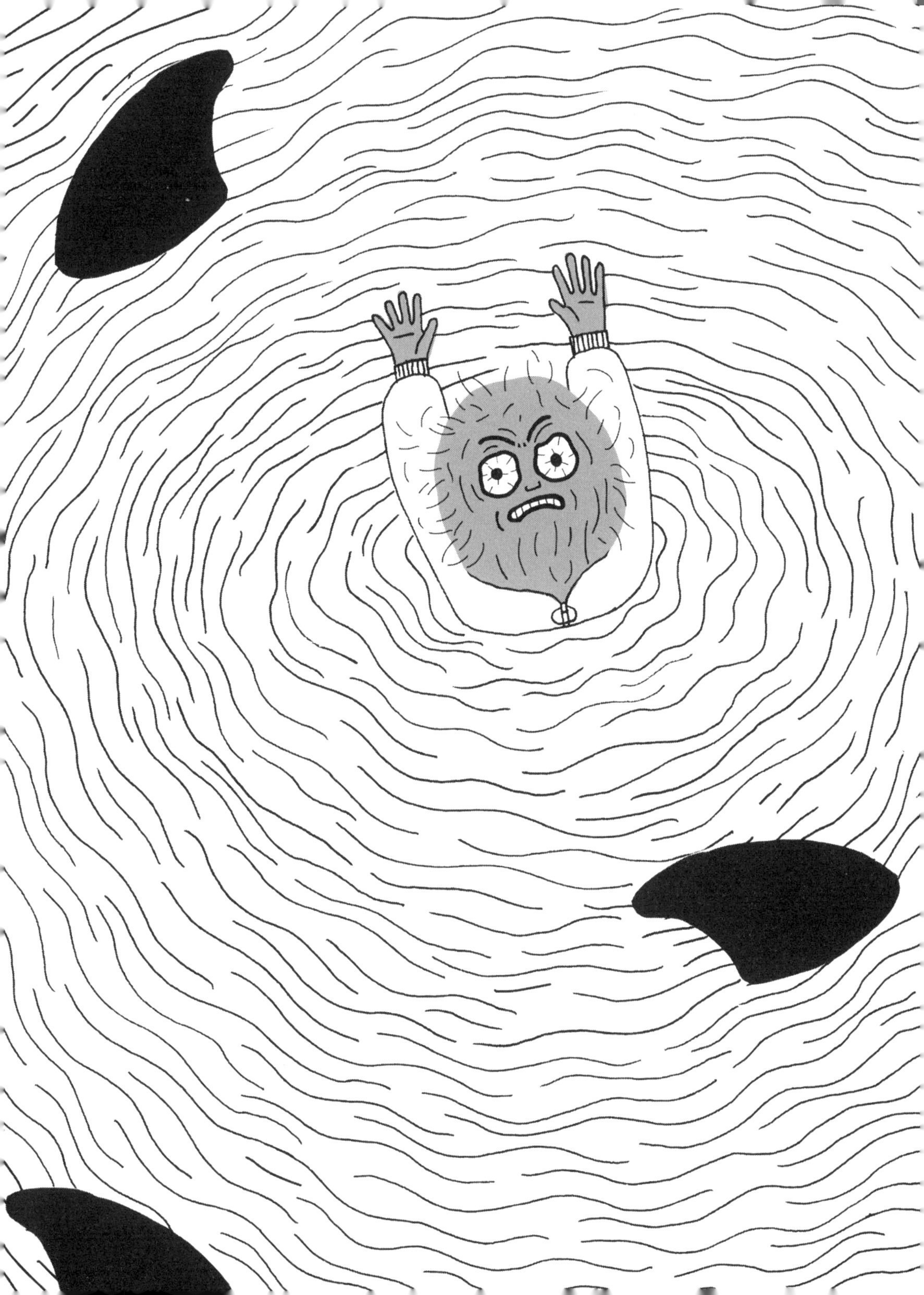

Hasta que un día pedí ayuda, antes de que me absorbiera la muerte.

(**Ayudar:** *Auxiliar o socorrer a una persona necesitada.*)

3

Reconocer que estaba enferma fue el primer paso para curarme; el segundo, tragarme el orgullo y reunir humildad para pedir ayuda, y, el tercero, poner la voluntad para conseguirlo y mantenerlo.

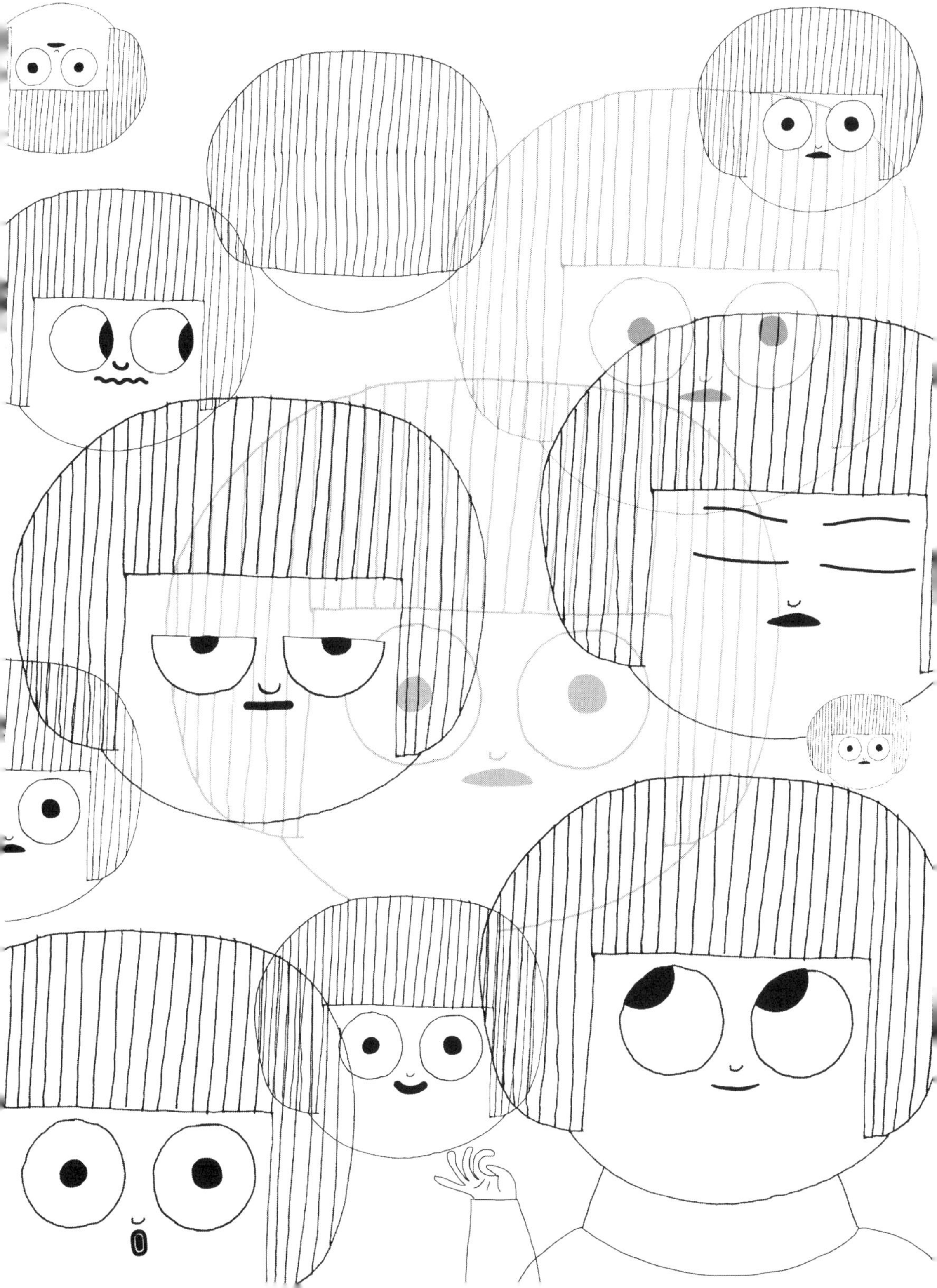

Así funciona la depresión. Estás atascado y aferrado a una versión falsa y antigua de tu persona.

Es una lucha entre el yo ideal y el yo real. Este último aparece como un fracasado lleno de reproches. Una lucha contra el yo que guerrea contra sí mismo.

Acabas con un superagotamiento del yo.

Entras en un conflicto y, si no opones resistencia, ya no puedes liberarte, la depresión te ha engullido.

A las personas que no tienen tendencias depresivas les cuesta mucho entender cómo funciona esta enfermedad.

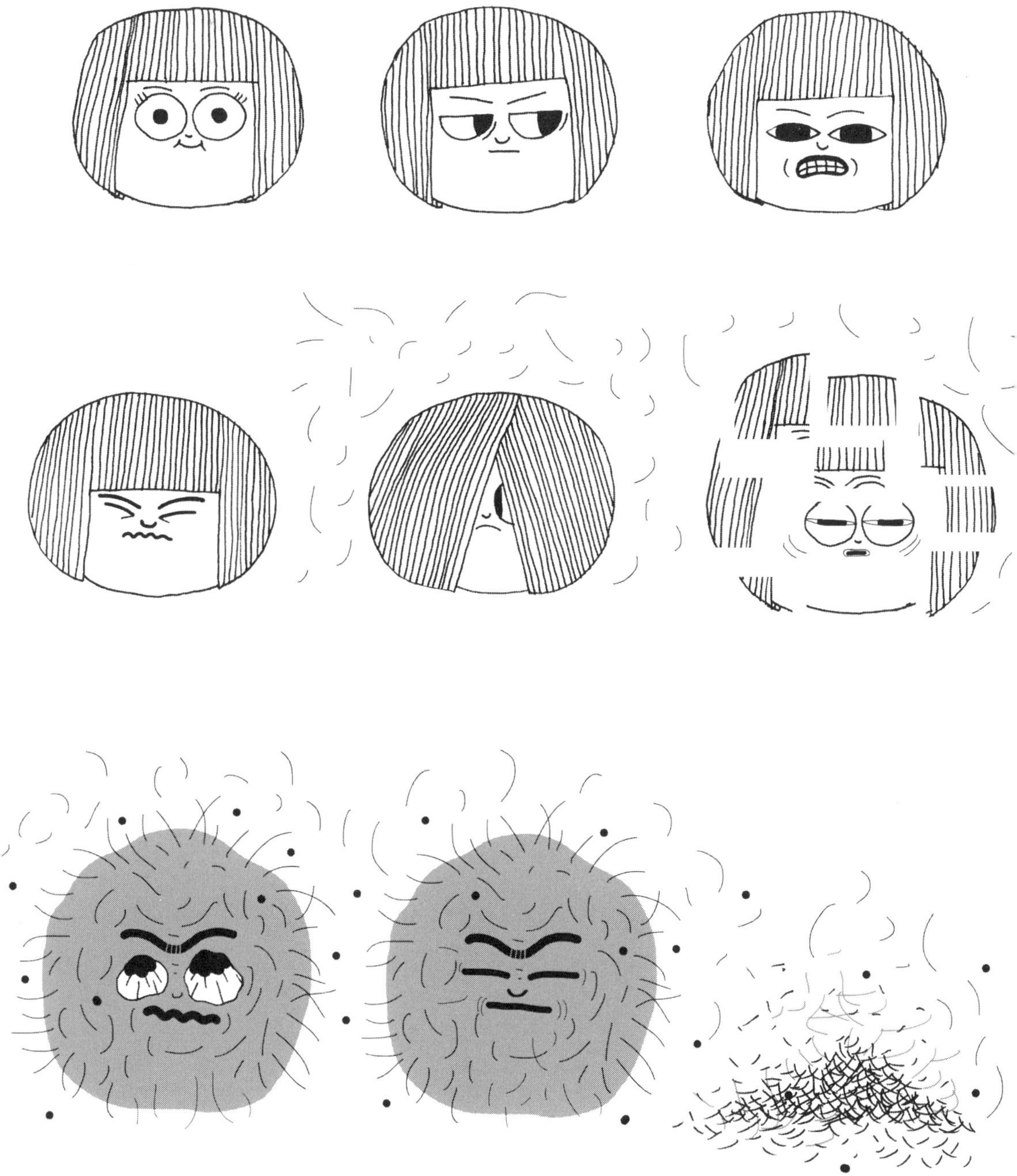

El infierno existe, lo sé porque allí pasé una temporada.

Cuánto desconsuelo creé y cuánta miseria fui capaz de aguantar.

(**Infierno:** *Lugar destinado a eterno castigo.*)

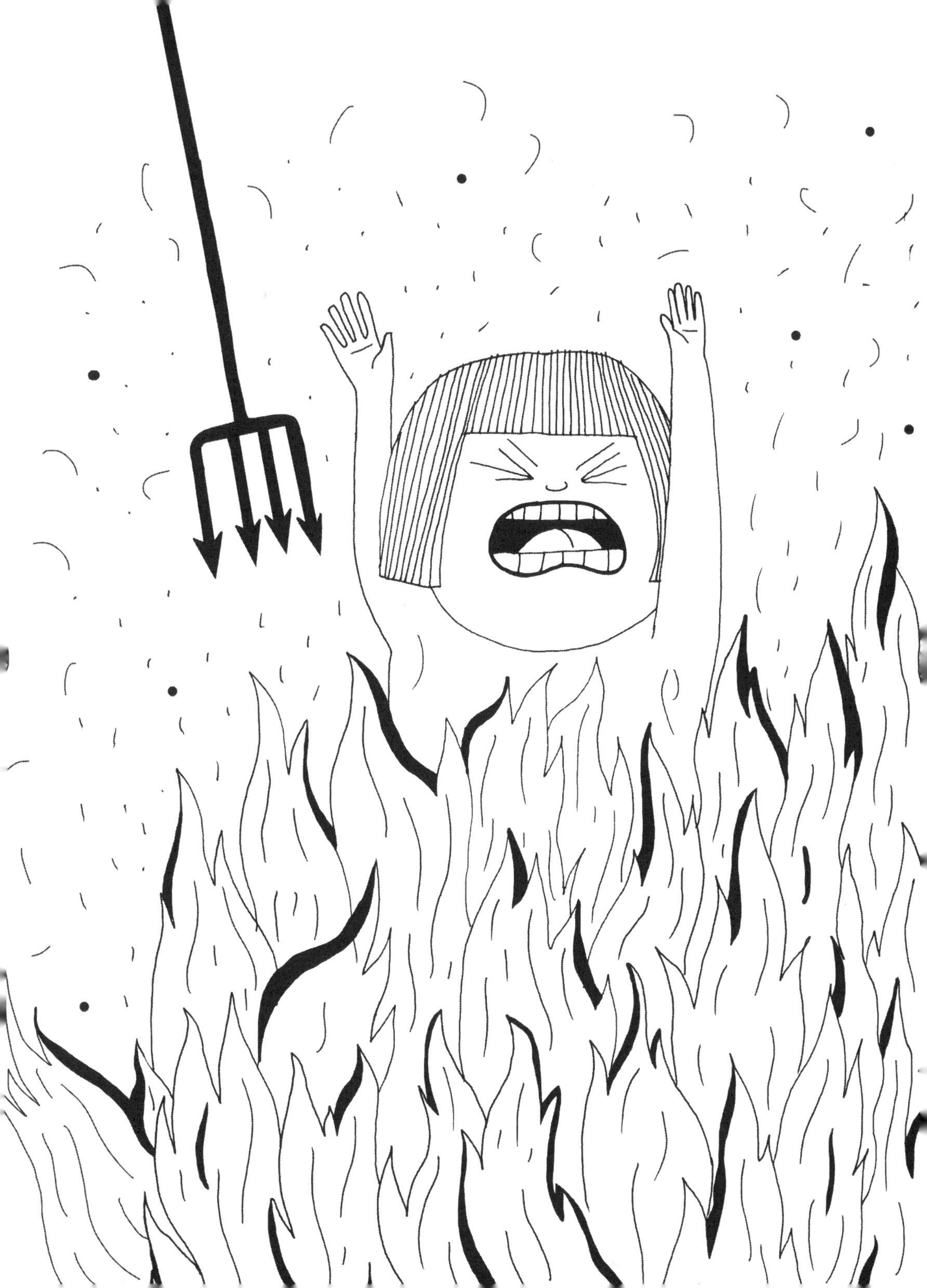

Mi caos era tal que tenía la imperiosa necesidad de poner orden, de aprender a organizarme, de recogerme.

El objetivo era salir de allí.

Necesité valentía.
Mucha valentía y voluntad para empezar a vivir en vertical.
Activarse es curarse.

(**Valentía:** *Determinación para enfrentarse a situaciones arriesgadas o difíciles.*
Voluntad: *Es la capacidad humana para decidir con libertad lo que se desea y lo que no.)*

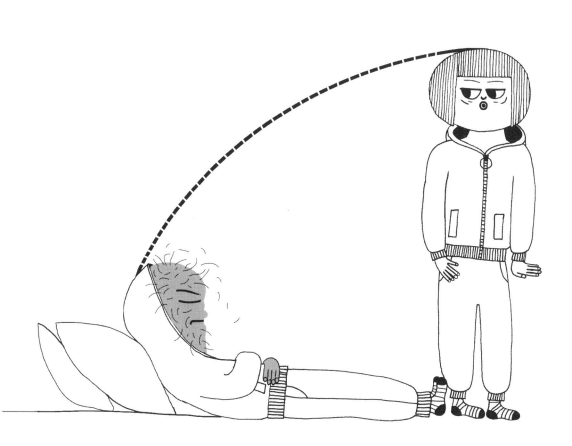

Me di cuenta de que sentía, hablaba y actuaba de maneras muy distintas.

Yo era muchas personas. Tenía una percepción diferente de la realidad.

La curación empezaba por poner en orden mi cerebro, mis emociones y mi cuerpo.

Todos estaban entrelazados y debían funcionar como una unidad.

Toda enfermedad es una falta de armonía.

*(**Curación:** Restablecimiento o recuperación de la salud.*

***Armonía:** Equilibrio, proporción y correspondencia adecuada entre las diferentes cosas de un conjunto.)*

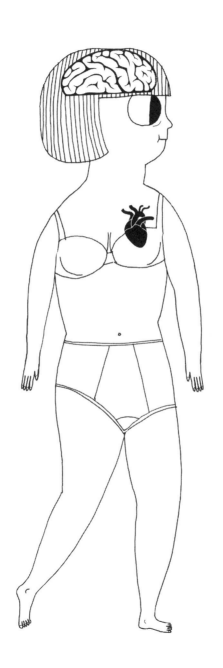

Empecé a ir a terapia.

A organizar mi cerebro y mis emociones.

El psiquiatra me recetó fármacos que me ayudaban a ponerme en marcha.

La tristeza es un desgaste para el cerebro.

El mío estaba dañado y había que repararlo.

(**Fármacos:** *Sustancias que sirven para prevenir, curar o reducir los efectos de una enfermedad.*)

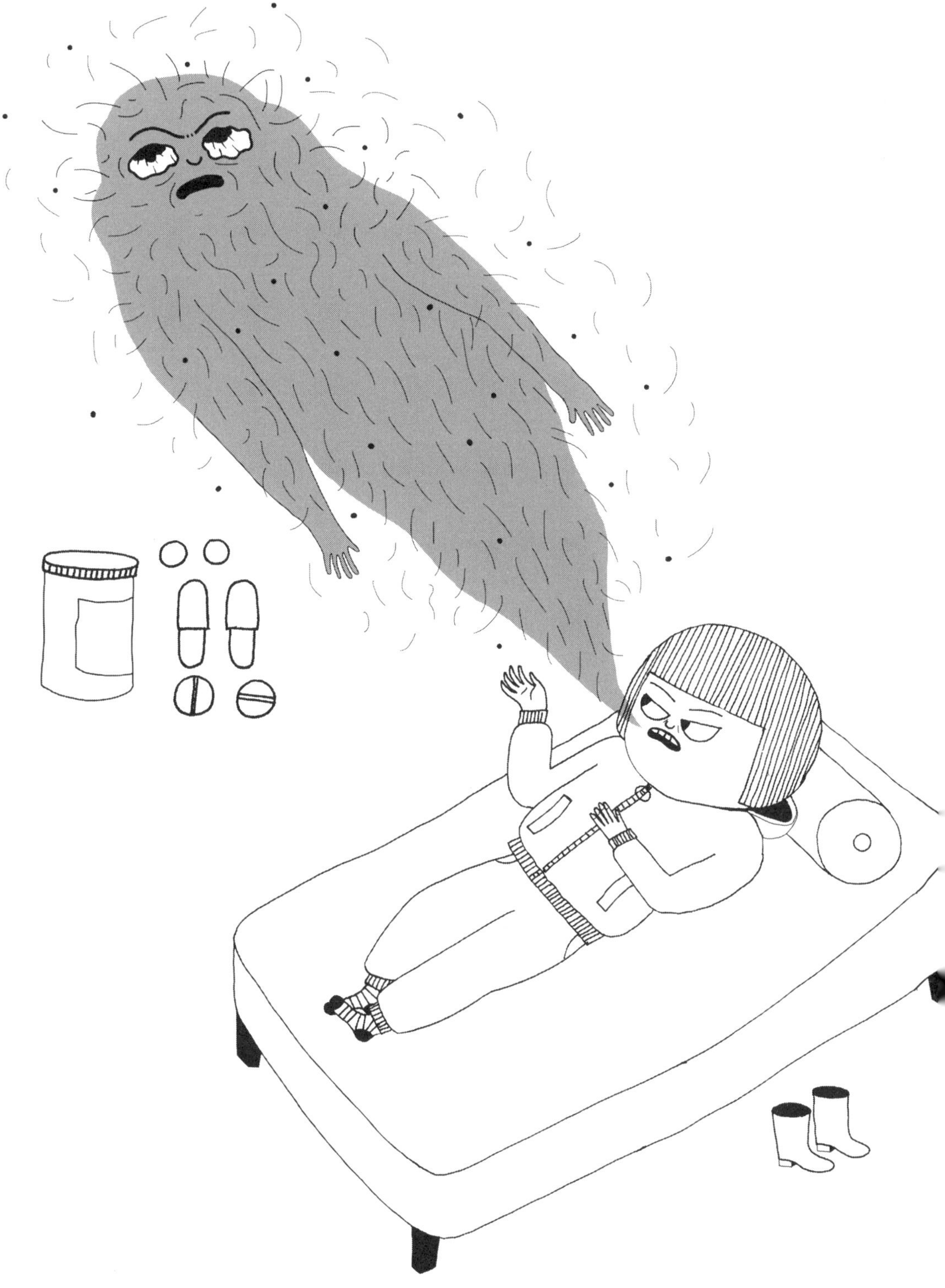

Tomé Prozak para anular mi tristeza crónica.

Tomé Nubotil y Orfidal para conciliar el sueño y desaparecer.

Y Trankimazin para anular los ataques de ansiedad. Aunque acabé tomándolo cuando tenía una reunión familiar o de trabajo, para viajar en avión, acudir a una cita amorosa, ir al supermercado... en todas aquellas ocasiones en que la situación me requería un pequeño o gran esfuerzo de serenidad y paciencia.

La depresión se basa en un conflicto entre dos YO. Los antidepresivos anulan el conflicto, con lo cual éste se puede volver eterno.

Tomé antidepresivos una temporada, larga, después los fui dejando.

También fui a una psicóloga, no la soportaba porque su aproximación a la enfermedad era muy teórica. No podía hablar desde la experiencia, con lo cual no me la tomaba en serio.

Me costaba un dineral.

Ella en cada sesión calzaba unos zapatos nuevos.

Y cuando eran vacaciones, se iba de viaje.

Mi afección no entendía de vacaciones, ni festivos, ni laborables.

La dejé.

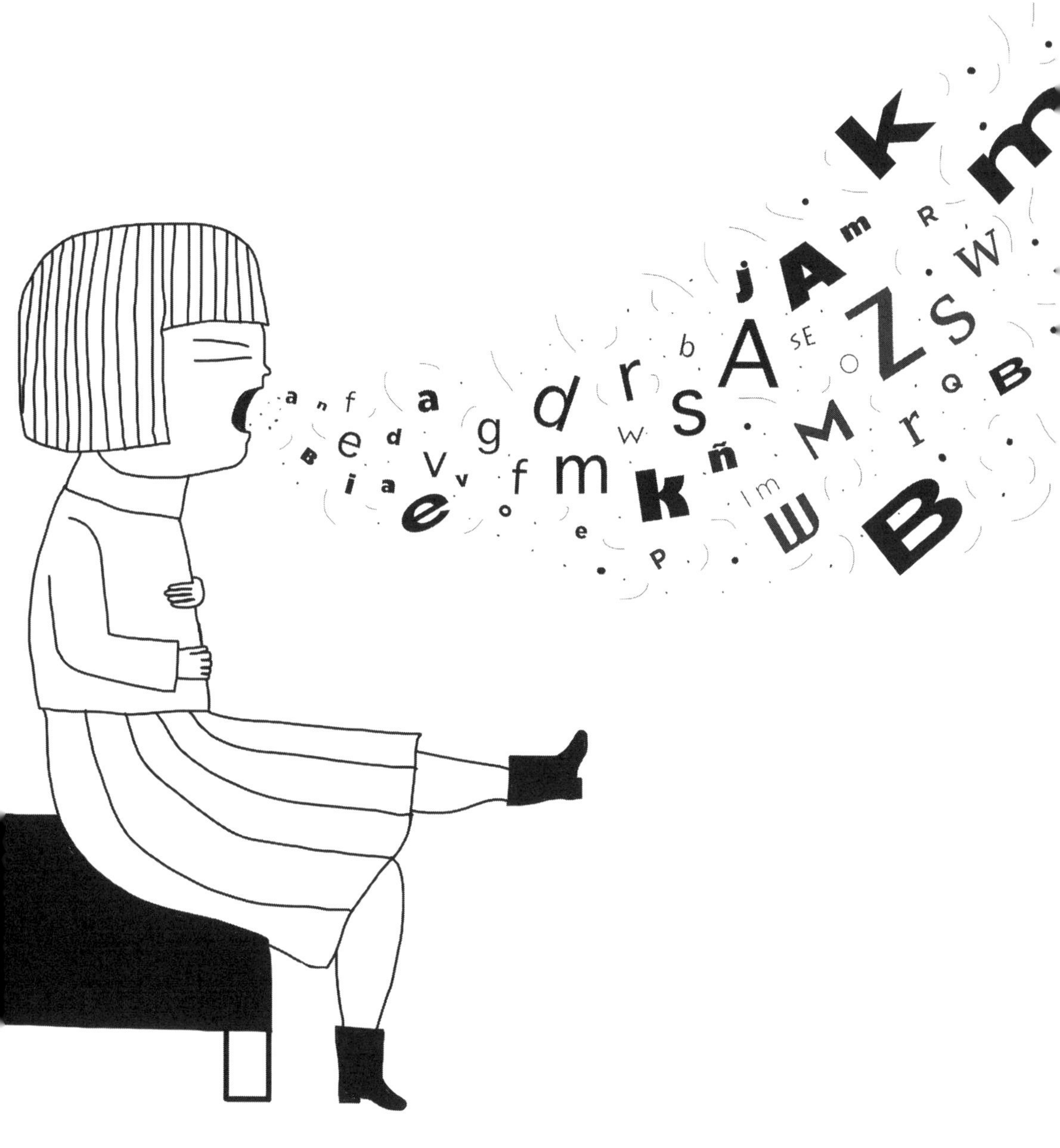

Y fui a sesiones de terapia en grupo.

Funcionaba, no porque sus desgracias fueran como la mía, sino porque todos estábamos en el mismo proceso de reconstrucción emocional, aunque los detalles fuesen diferentes.

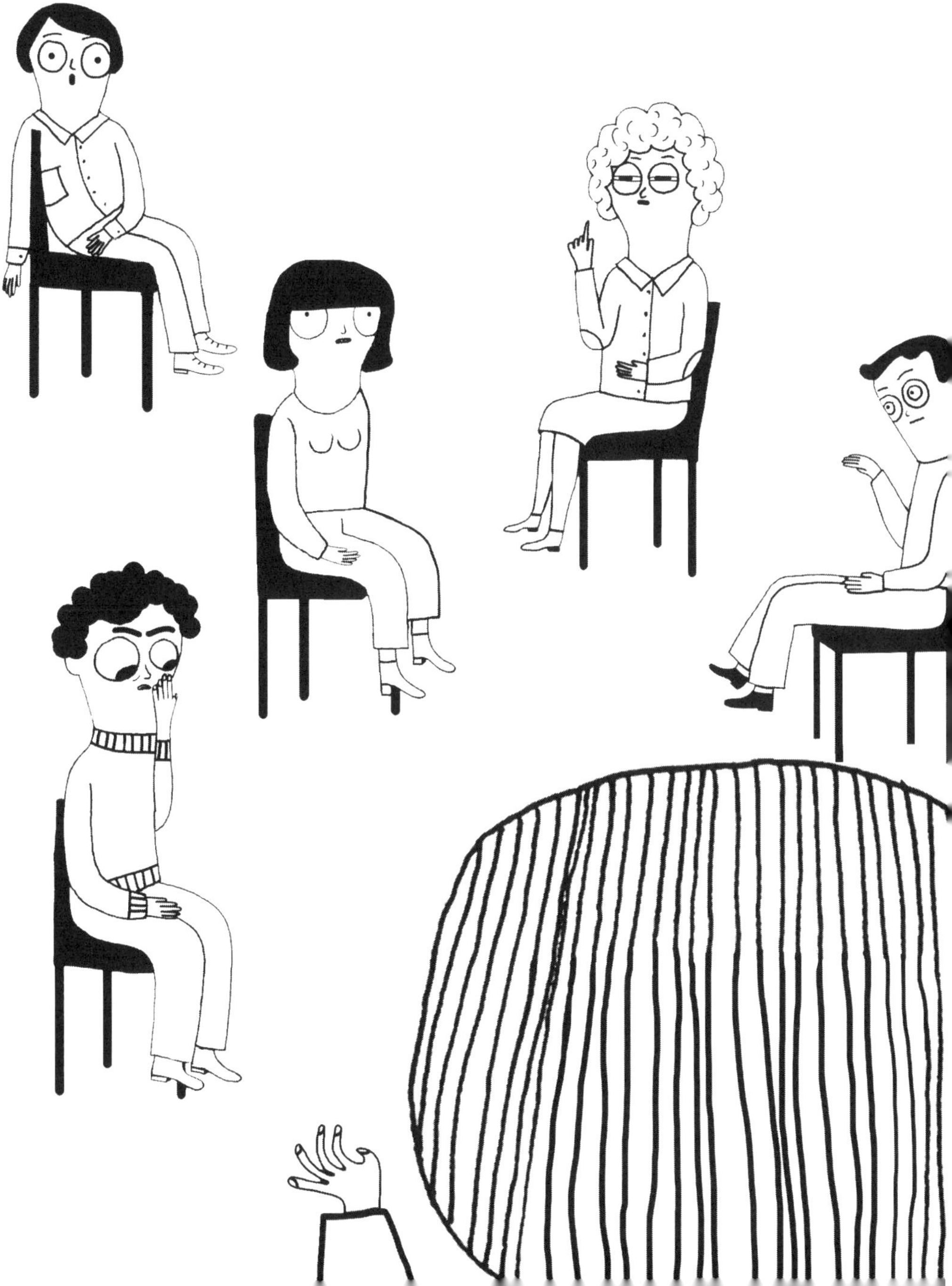

Empecé a ponerme en marcha físicamente.

Me activé con caminatas matutinas.

Cada día alargaba el recorrido.

Al cabo de una temporada hacía deporte a diario.

Producía naturalmente gran cantidad de serotonina y otras drogas buenas para el estado de ánimo.

Me sentía bien.

Paulatinamente dejé, con ayuda médica, de tomar antidepresivos, porque quería avanzar y no estancarme en otra adicción.

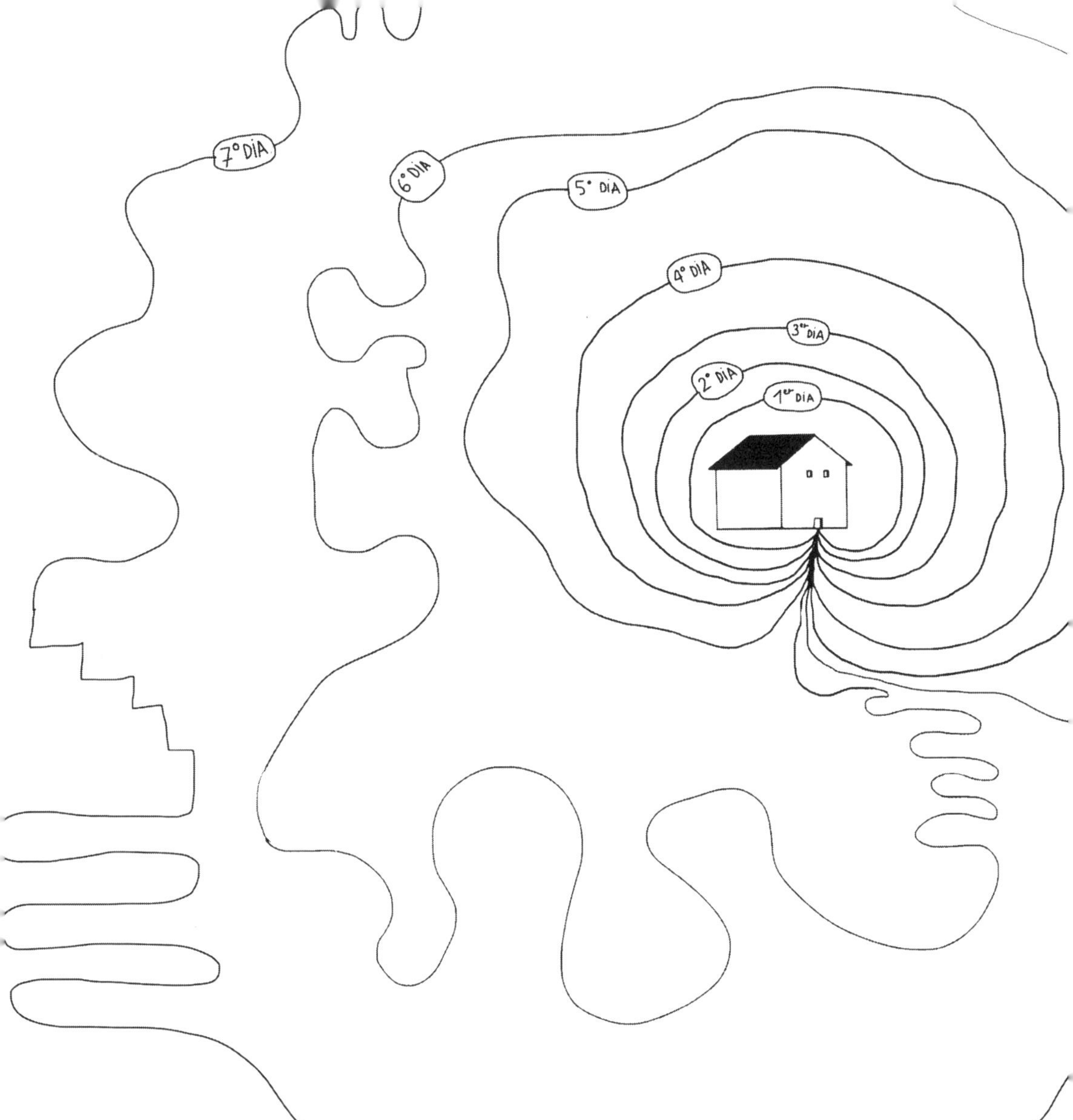
7º DIA
6º DIA
5º DIA
4º DIA
3er DIA
2º DIA
1er DIA

Sudaba y quemaba toxinas.

Aligeraba y limpiaba mi cuerpo.

La depresión acumula mucha porquería, que se expulsa a través del sudor, la orina, las heces y las lágrimas.

*(**Tóxico:** Sustancia venenosa que produce efectos nocivos sobre el organismo.)*

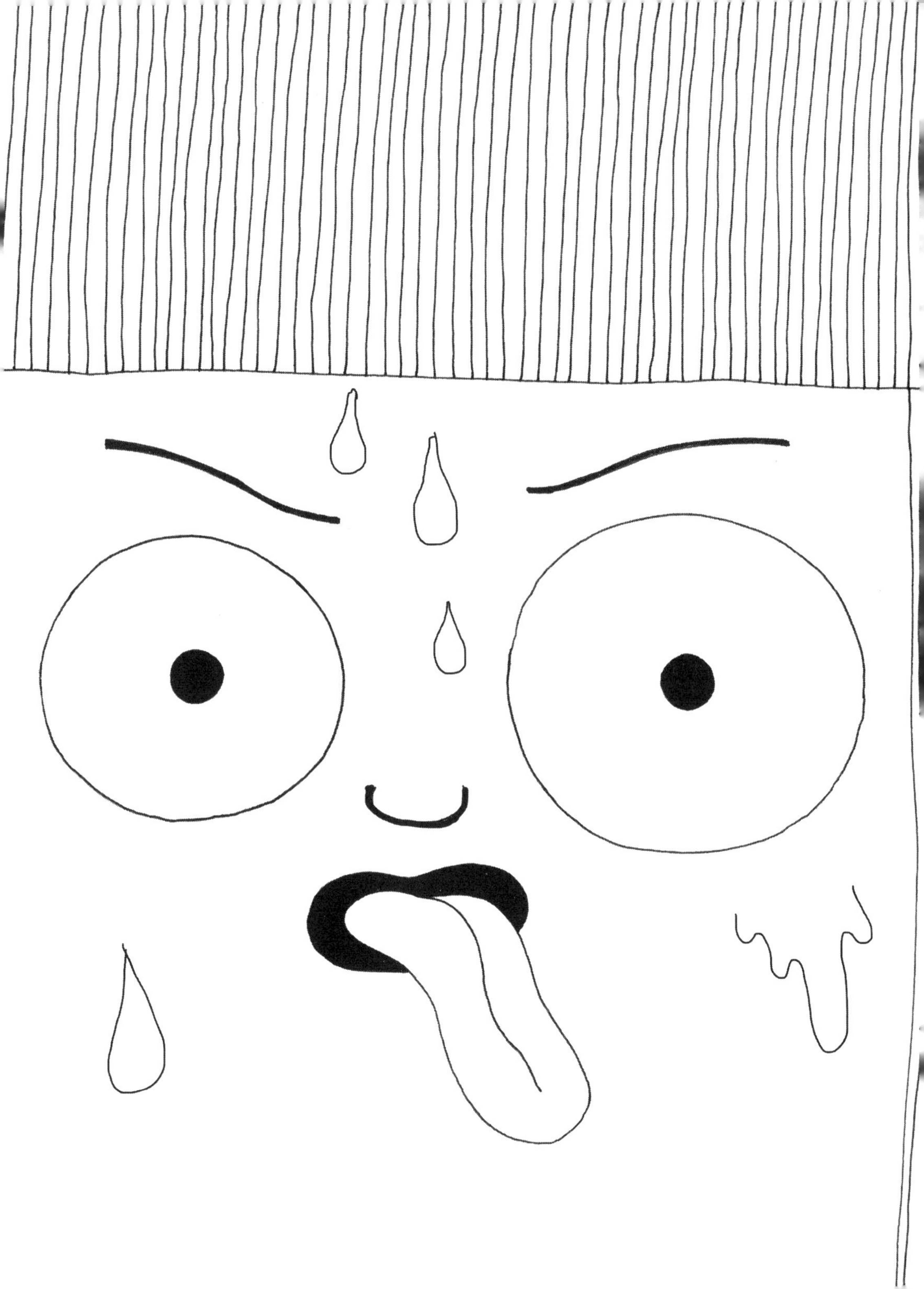

Empecé a comer bien, incluyendo frutas y verduras, a beber mucha agua.

A ducharme cada día.

A descansar por las noches.

La primera temporada con pastillas, después dejé de tomarlas.

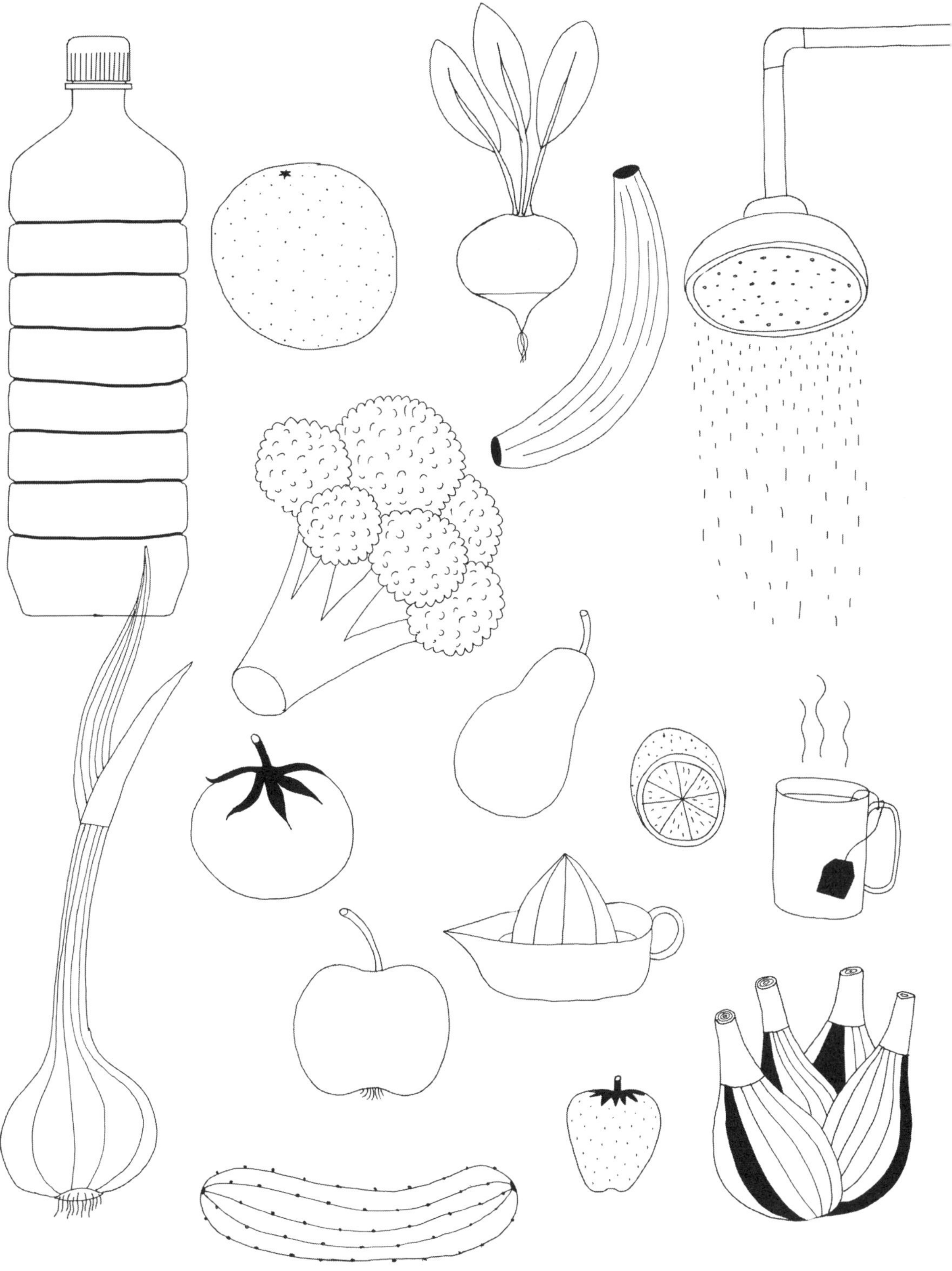

Disfrutaba de la naturaleza.

Aprendía a contemplar y observar. A no hacer nada.

(**Naturaleza:** *Conjunto de todo lo que forma el universo en cuya creación no ha intervenido el hombre.)*

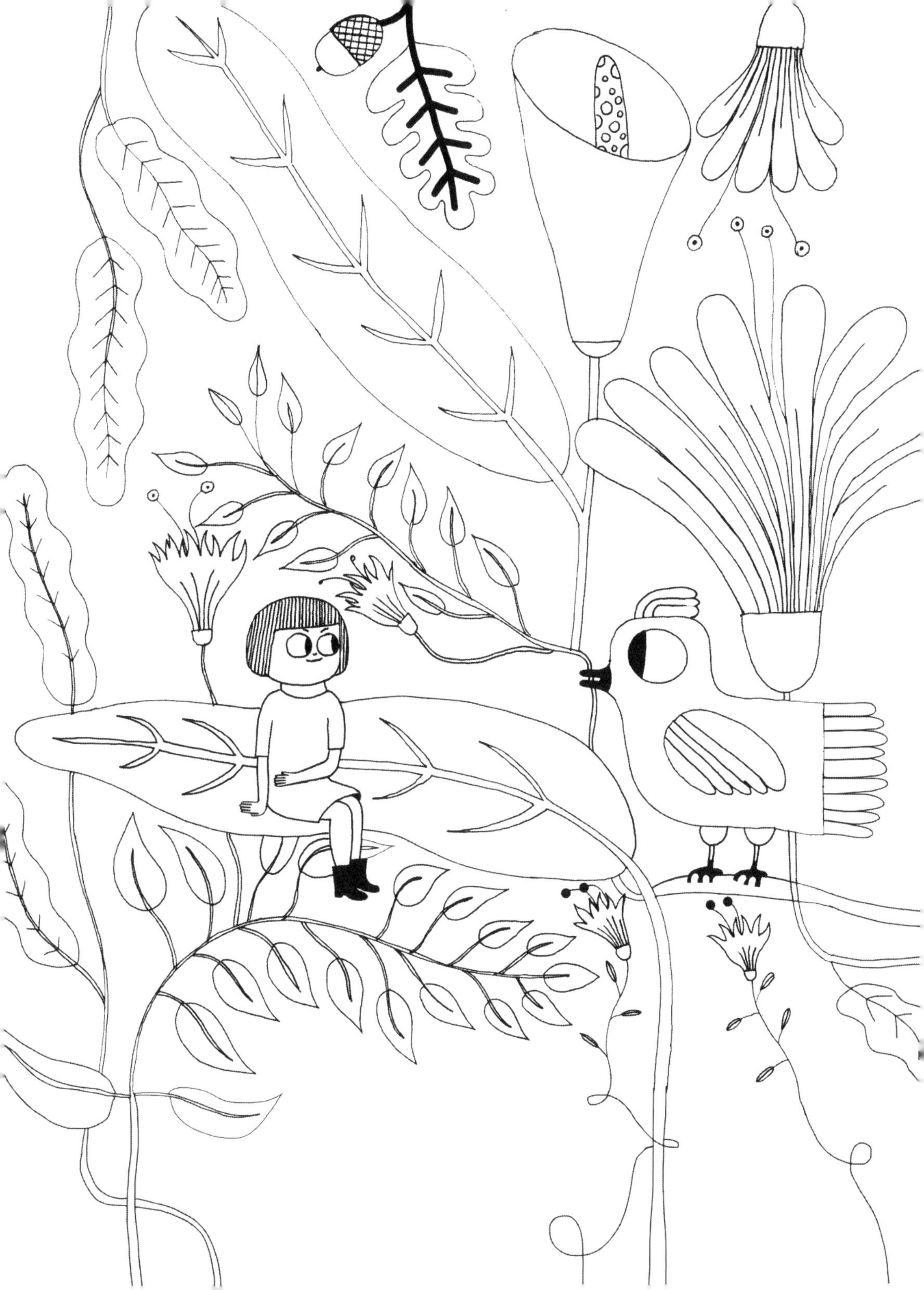

A tener la casa limpia.

Yo también olía bien.

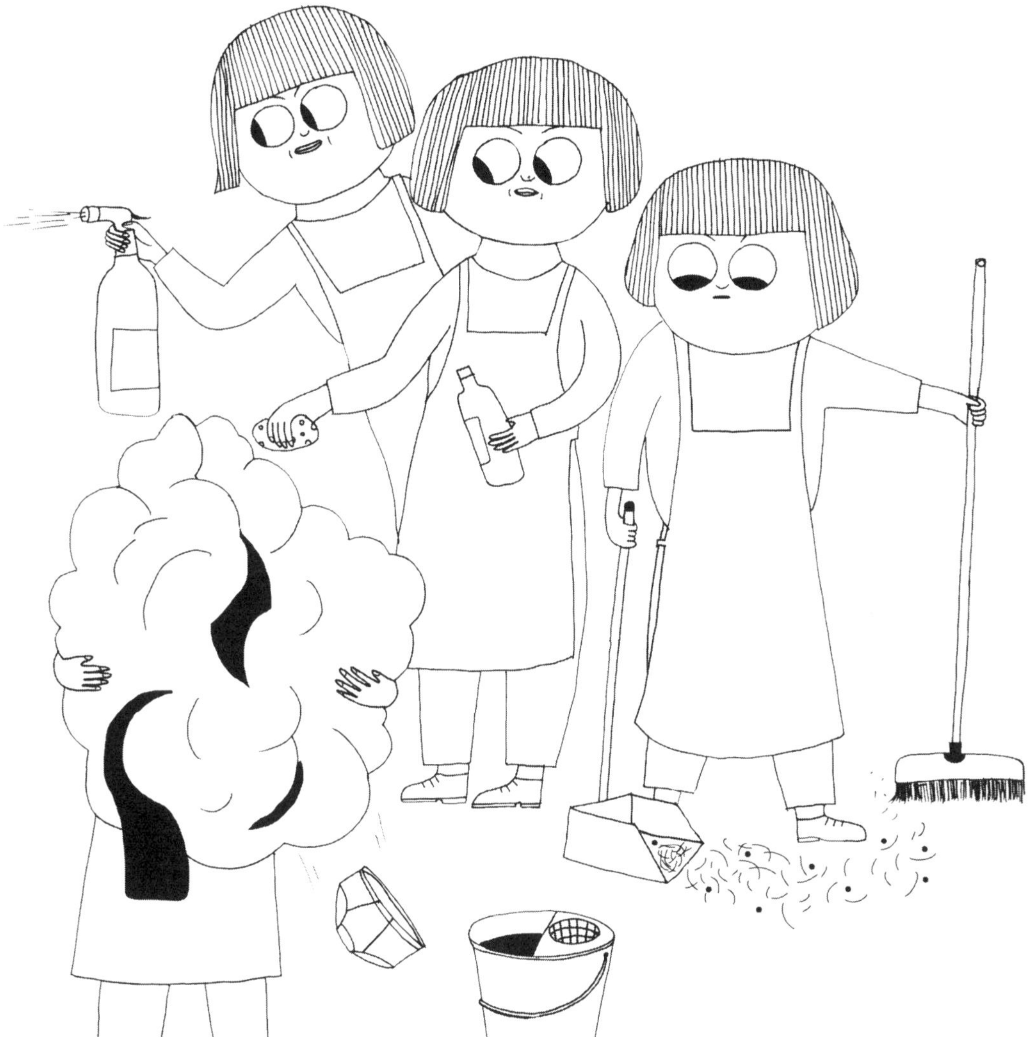

A socializar con gente que me hacía sentir bien.

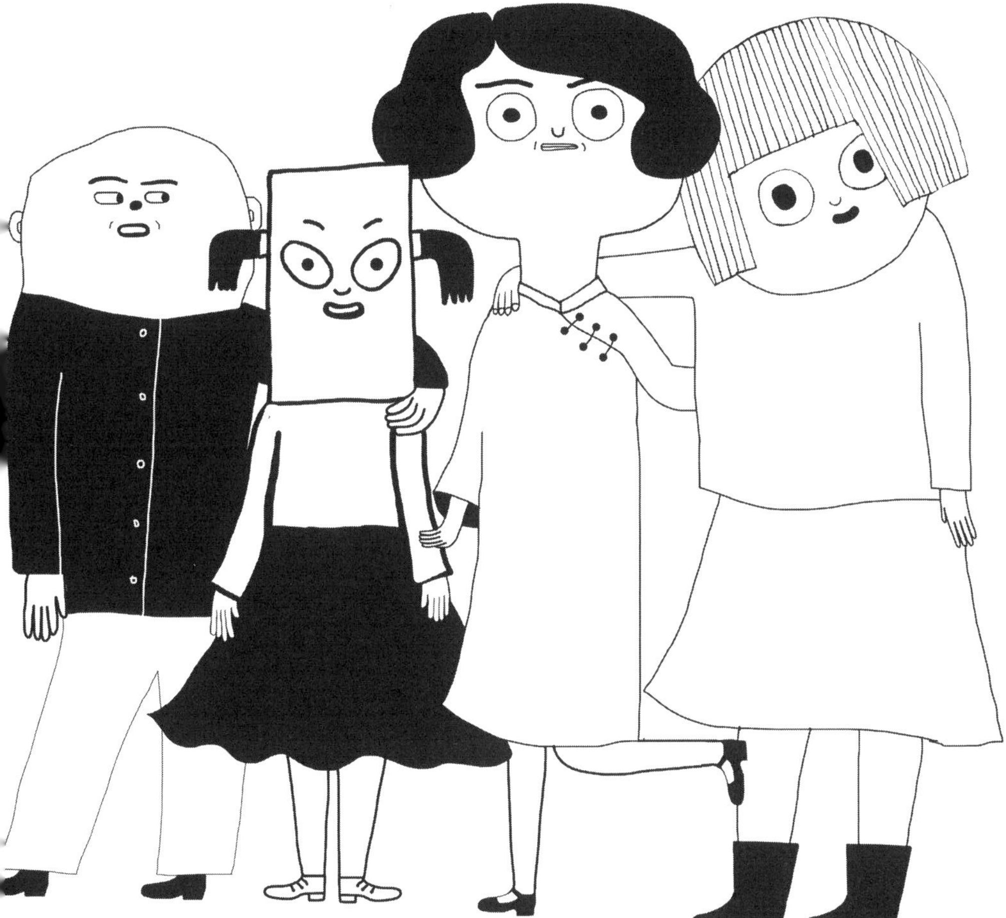

Mi plan era simple.

Por la noche organizaba, antes de ir a dormir, una rutina aburrida para el día siguiente, rutina que seguía meticulosamente. No dejaba ningún espacio al azar o la improvisación.

Y poco a poco fui volviendo, recuperándome.

*(**Rutina:** Costumbre o hábito adquirido de hacer algo de un modo determinado, que no requiere tener que reflexionar o decidir.)*

Continuaba hospedando algunas tristezas, pero eran puras emociones que empezaban y acababan. Eran finitas.

Ahora tenía herramientas para combatirlas rápidamente y no dejaba que me inmovilizaran. Cambiaba de escenario, respiraba profundamente, caminaba, quedaba con amigos.

Dejé de fumar, de beber alcohol y tomar estupefacientes para superarlas o disimularlas.

Ya no me intoxicaba.

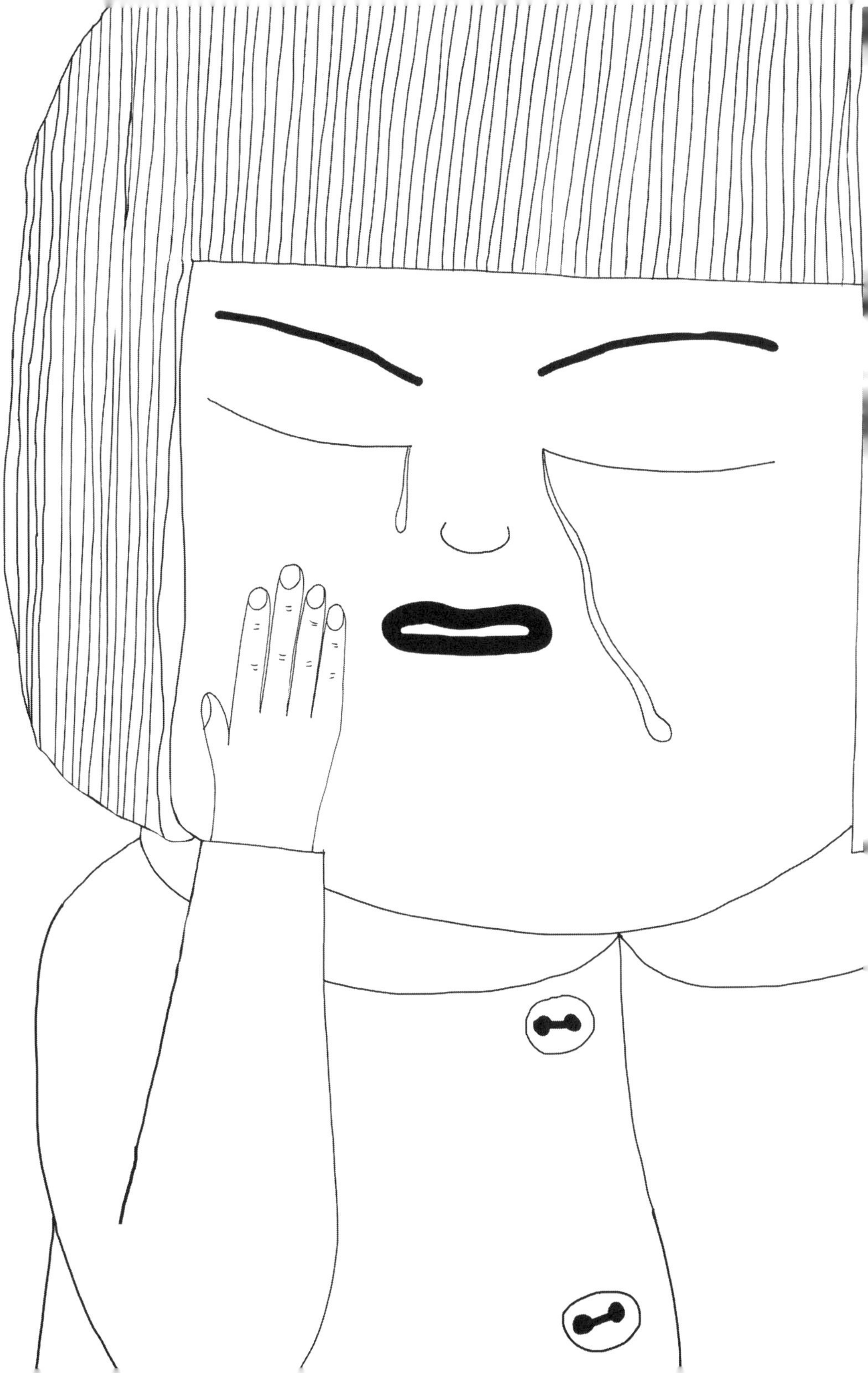

Durante los episodios de depresión fui adicta al victimismo, me servía como justificación para no responsabilizarme de mi estado, y lo rentabilizaba muy bien, siempre había alguien pendiente de mí.
Confiaba en que por lástima me echaran una mano.

Sentía pena de mí misma. Era una mártir.

La irresponsabilidad me ayudaba a echar la culpa a los demás de mis desgracias, de mi destino, y de esta manera podía urdir mejor mi resentimiento.

*(**Victimismo**: Actitud de la persona que se considera habitualmente dañada o perjudicada por algo.*
Resentimiento: *Sentimiento persistente de disgusto o enfado hacia alguien por considerarlo causante de cierta ofensa o daño.)*

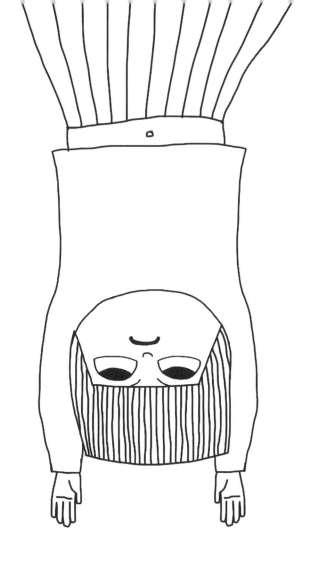

«El resentimiento es beberse el veneno y esperar que se muera otro.»*

*Leí esta frase en el libro *Patrick Melrose*, de Edward St. Aubyn.

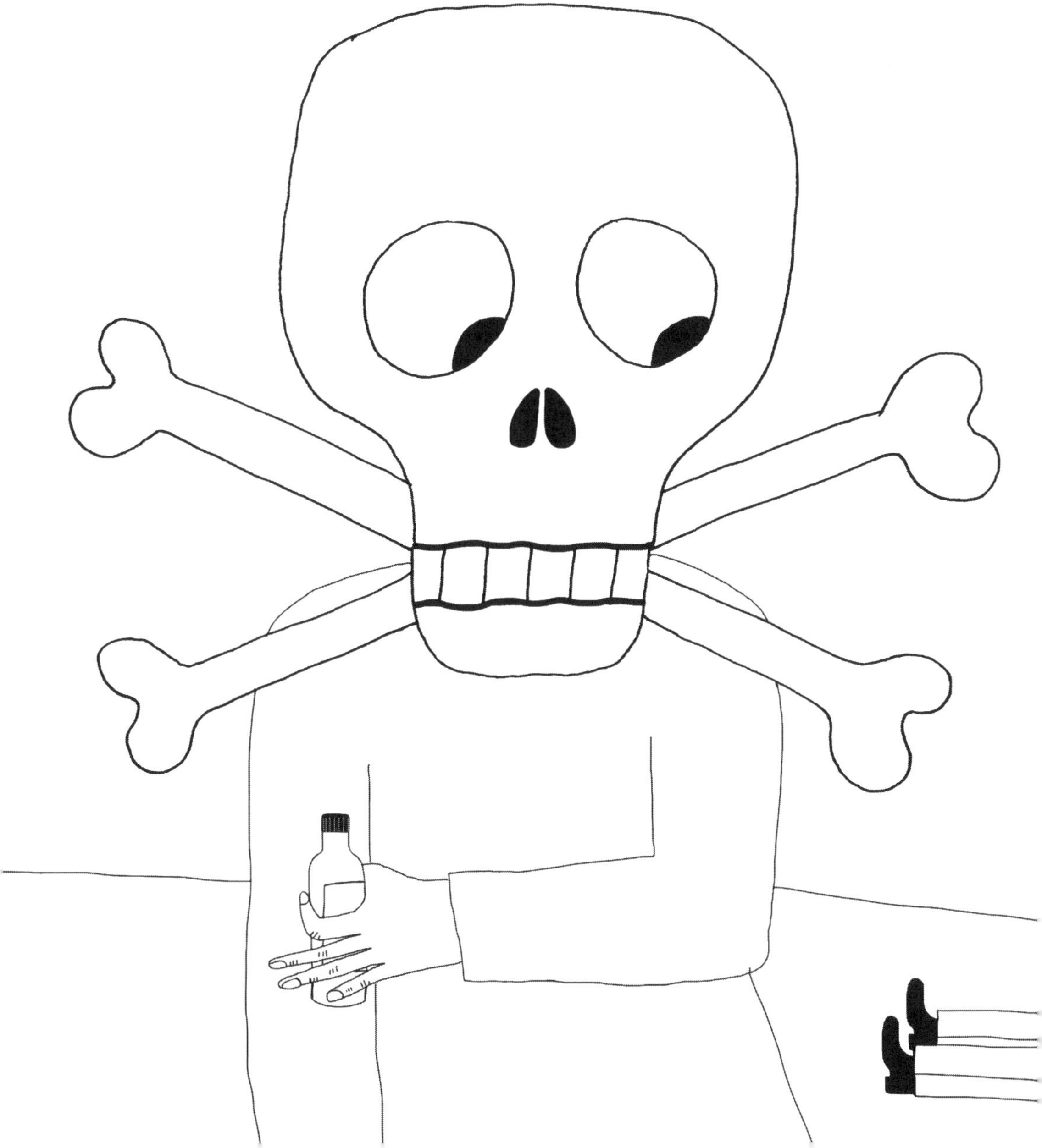

Para avanzar hay que entender qué provocó la depresión, para que ese mecanismo no se repita.

¿Cuál fue la causa?
A veces puede ser genética o puede ser debida a la propia incapacidad de digerir la vida en sí misma, así como la sociedad exigente en que vivimos.

Luchar y vencer a la depresión es superar un gran conflicto interior, es moverte y evolucionar.

*(**Evolución:** Desarrollo gradual, crecimiento o avance de las cosas o de los organismos.)*

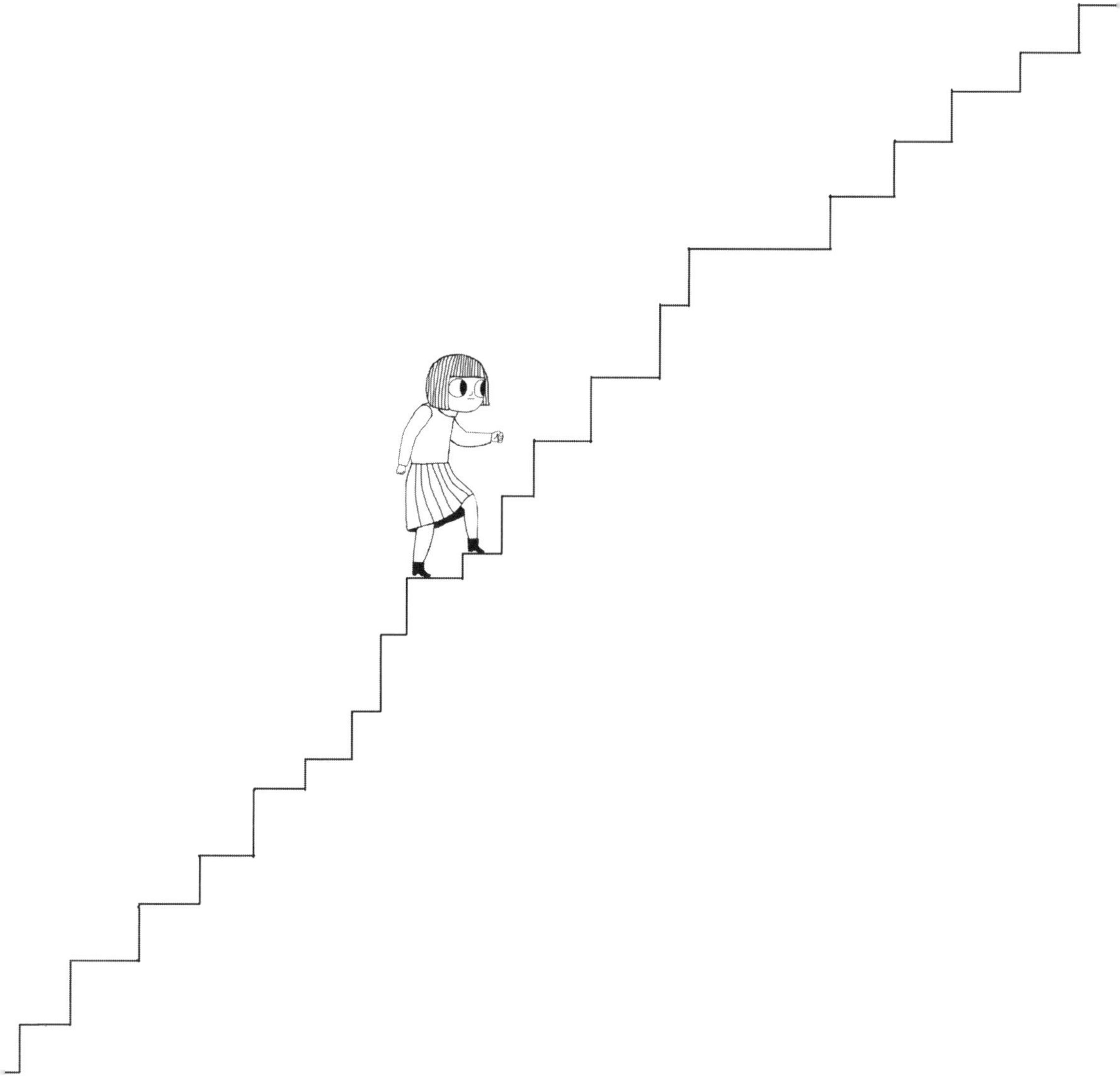

Empecé a sentir gratitud por volver a la vida.

Di las gracias a quien me ayudó durante este duro proceso, a quien estuvo a mi lado, a quien supo cómo enfrentarse, cómo comportarse, cómo vivir tanta dureza y hostilidad, cómo mantenerme con vida, cómo ser observador en silencio.

Porque lo que menos aguanta un depresivo es que le molesten.

*(**Gratitud:** Sentimiento de estima y reconocimiento que una persona tiene hacia quien le ha hecho un favor o prestado servicio, por el cual desea corresponderle.)*

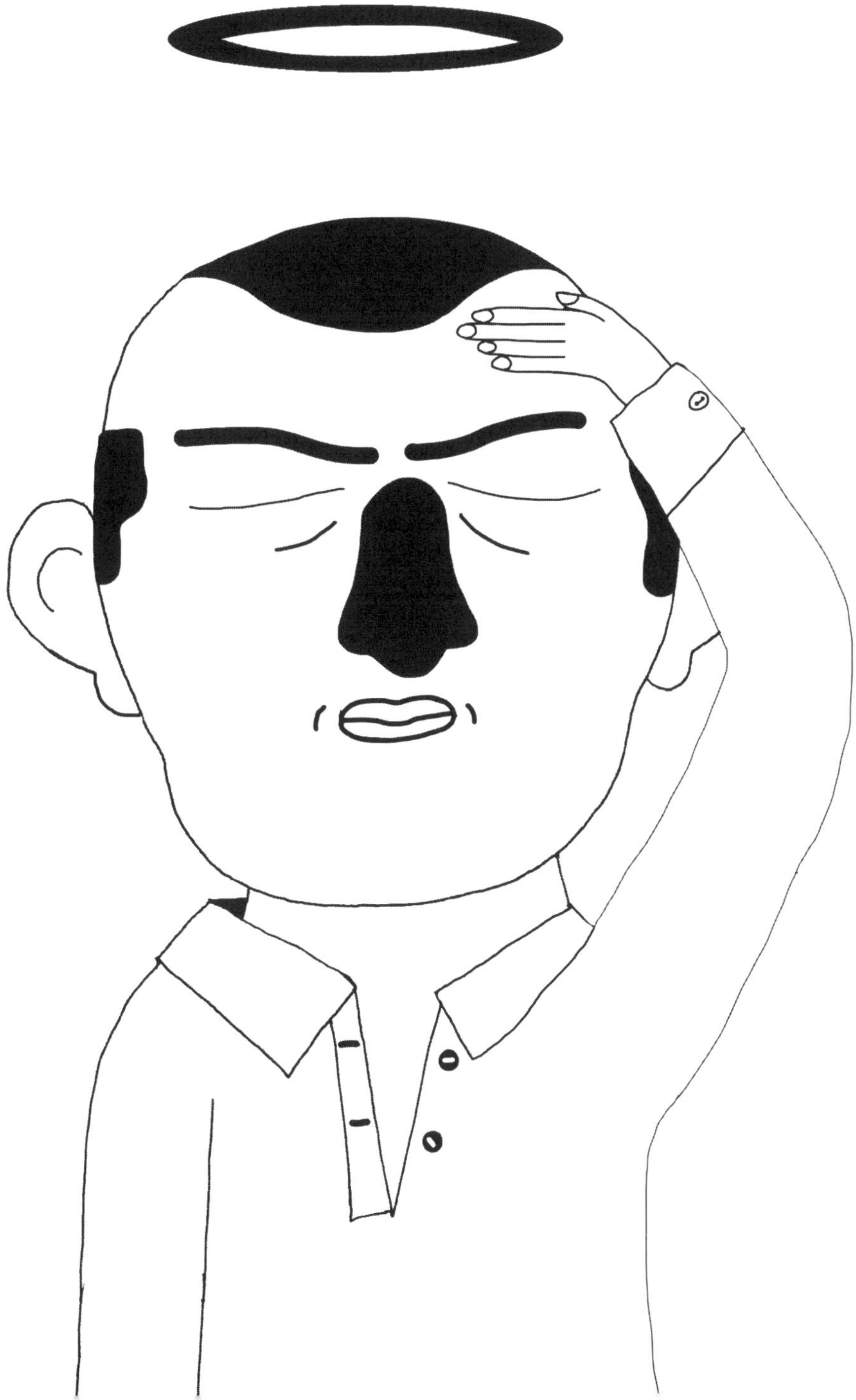

Estrené una nueva versión de mí, más acorde con mis emociones y con mi hipersensibilidad, más compacta e íntegra. Más sincera, más afín a la naturaleza del ser humano.

Más responsable. La responsabilidad me ordenaba las ideas, me hacía más fuerte.

Aprendí a decir NO a cosas que ya no me interesaban: reuniones de amigos, ir al bar, obligaciones familiares...

A diferencia de antes, ahora decidía sobre mi tiempo y podía realizar actividades que me enriquecían.

No fue fácil desaprender y desprogramar la versión antigua.

Necesitaba ayuda.

Comencé la búsqueda. Me convertí en un «buscador».

(**Buscar:** *Hacer lo necesario para hallar o encontrar una cosa.*)

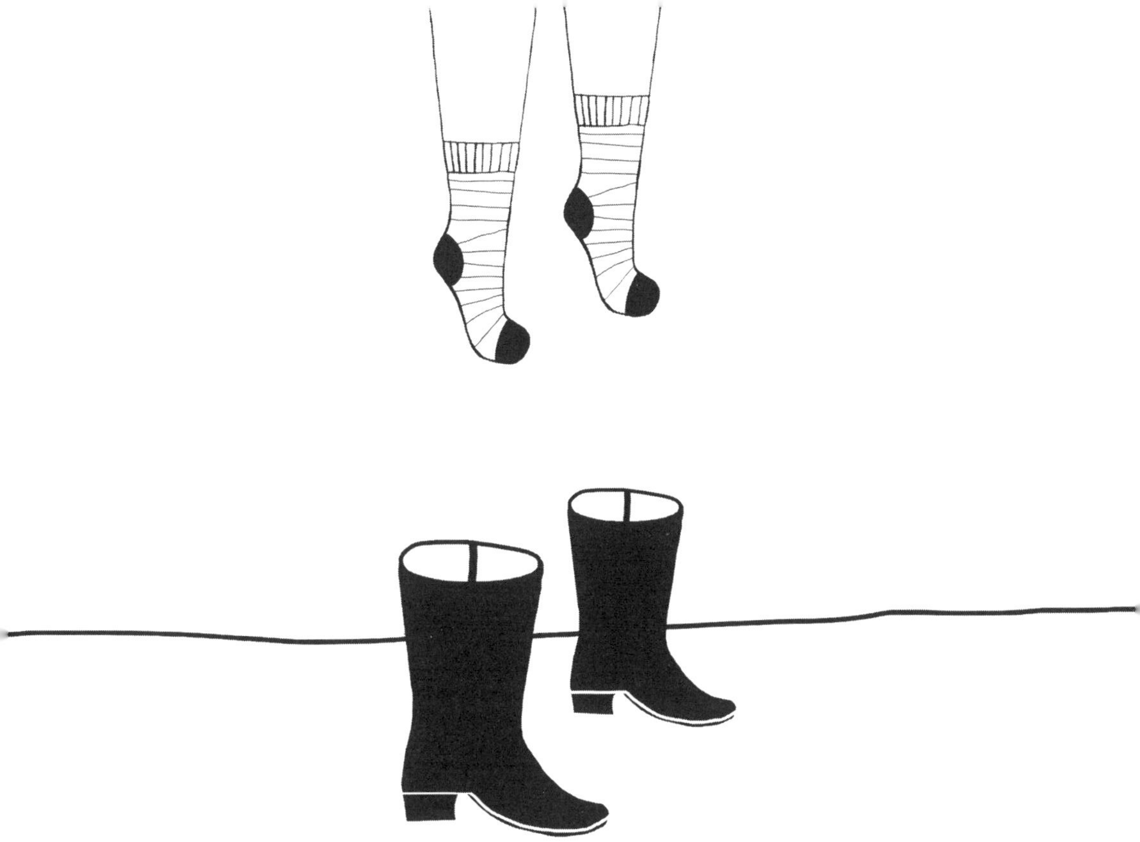

Se les llama «buscador» a aquellas personas que quieren hallar respuestas o encontrar la iluminación a través de terapias.

Probé:

el Tai Chi, la danza Butoh, el baile del vientre, ayuné unos días, me hicieron terapias con piedras, terapias esenias, ayurveda, homeoterapia, naturoterapia, acupuntura, reiki, magnoterapia, shiatsu, fitoterapia, aromaterapia, arteterapia, terapia en movimiento, mindfulness, hipnoterapia, risoterapia, terapia de la luz, musicoterapia, Zang Fu, moxibustión, cuenco tibetano, apiterapia, técnica Alexander, reflexología, hidroterapia, masajes, feng shui, relajación, equinoterapia, cromoterapia, técnica de liberación emocional, masajes Pressel, constelaciones familiares, fangoterapia, ozonoterapia, cristaloterapia, iridología, danzaterapia, zooterapia, lavado nasal, fitoterapia china, balneoterapia, rebirthing, talasoterapia, helioterapia, medicina antropomórfica, radiestesia, pilates, electroacupuntura, radiofrecuencia, coaching, vinoterapia, mandalas indios, presoterapia, kundalini, terapia con control de la ira, método Tomatis, sanación pránica... y yoga.

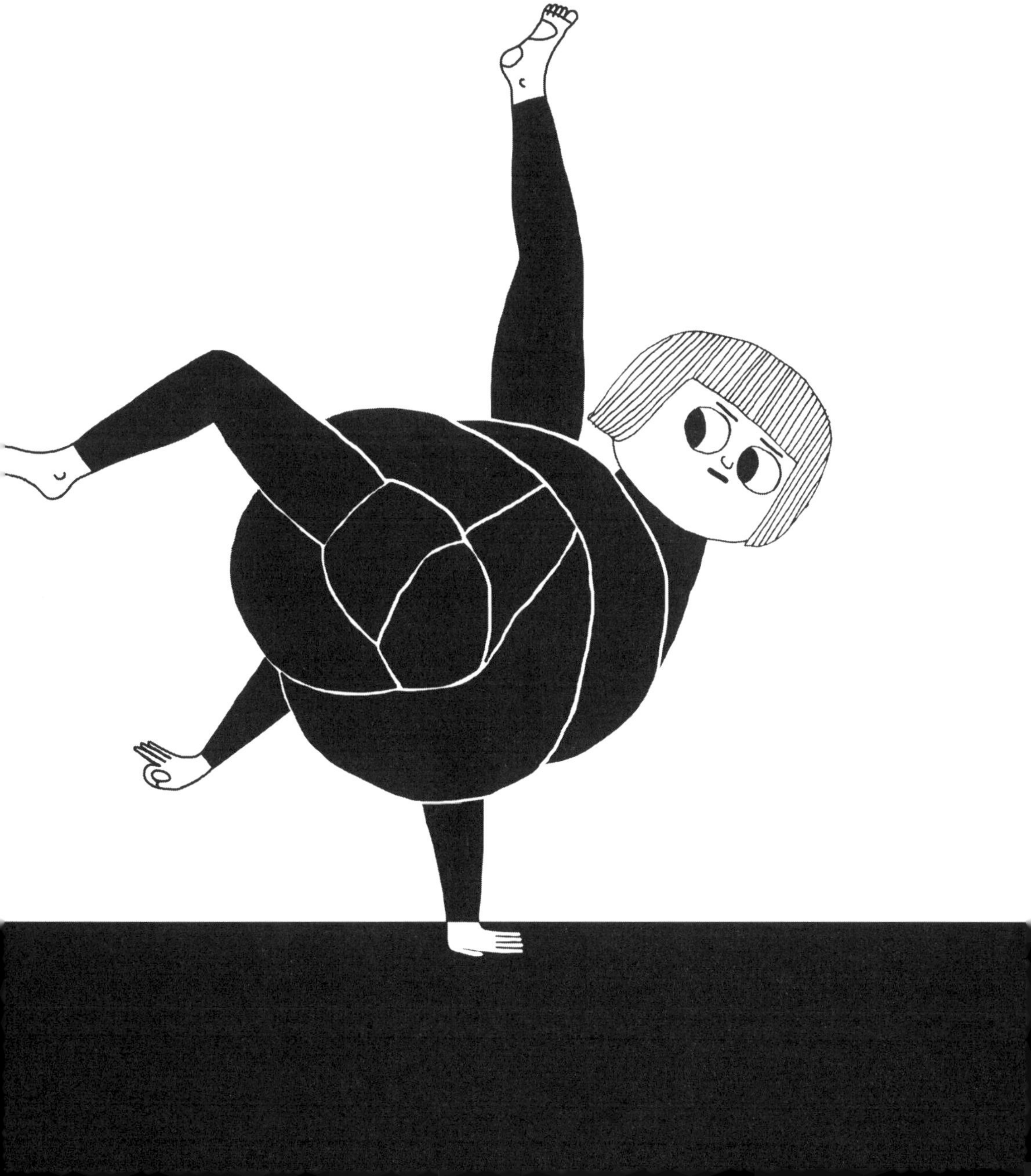

Todas ellas me ayudaron momentáneamente, me aligeraron, me dieron un ángulo diferente desde donde observar.

Pero había algo más profundo que no podía entender.

Aquella bestia aún vivía en mí, bajo control, pero me costaba despegarme de ella.

Quería entender aquel conflicto y resolverlo.
¿Quién era yo en realidad?

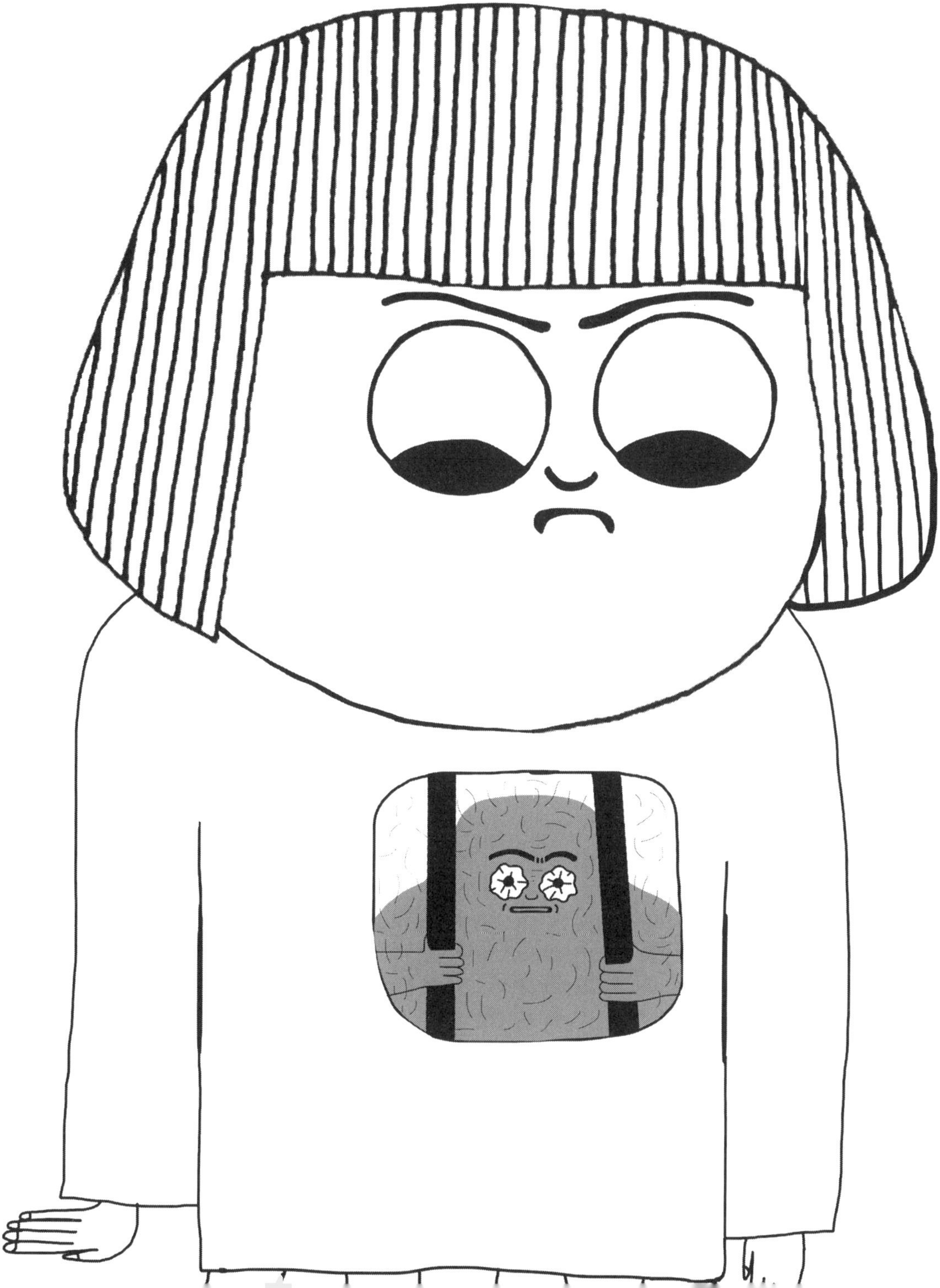

Empecé la travesía del desierto.

A desengancharme del ego enfermo y con ello cambiar mi percepción de las cosas, de la vida y de todo aquello que me rodeaba.

A conocer mis apegos, tanto físicos como emocionales, y desapegarme.

No era una lucha contra la parte oscura, sino un combate para descubrir y entender sus trampas, reconocerlas, y poco a poco desmantelarlas, sin ruido pero con perseverancia.

Era fácil desenmascarar al ego enfermo, con no seguirle el juego lo destronaba, y así iba ganando. Ganaba, porque mi intuición se ampliaba, era como un radar, cuanto menos ego más frecuencia de onda, más conciencia, menos lucha y, en resumen, más alegría.

Sudé, me costó tiempo, esfuerzo y soledad. Yo estaba al acecho. Allí, esperándolo. Muchas veces se me resistía, me confundía y me manipulaba. Conseguí que estuviera a mi servicio, y no al revés.

(**Trampa:** *Sistema o dispositivo que sirve para cazar con engaño.*
Manipular: *Hacer cambios o alteraciones en una cosa interesadamente para conseguir un fin determinado.*)

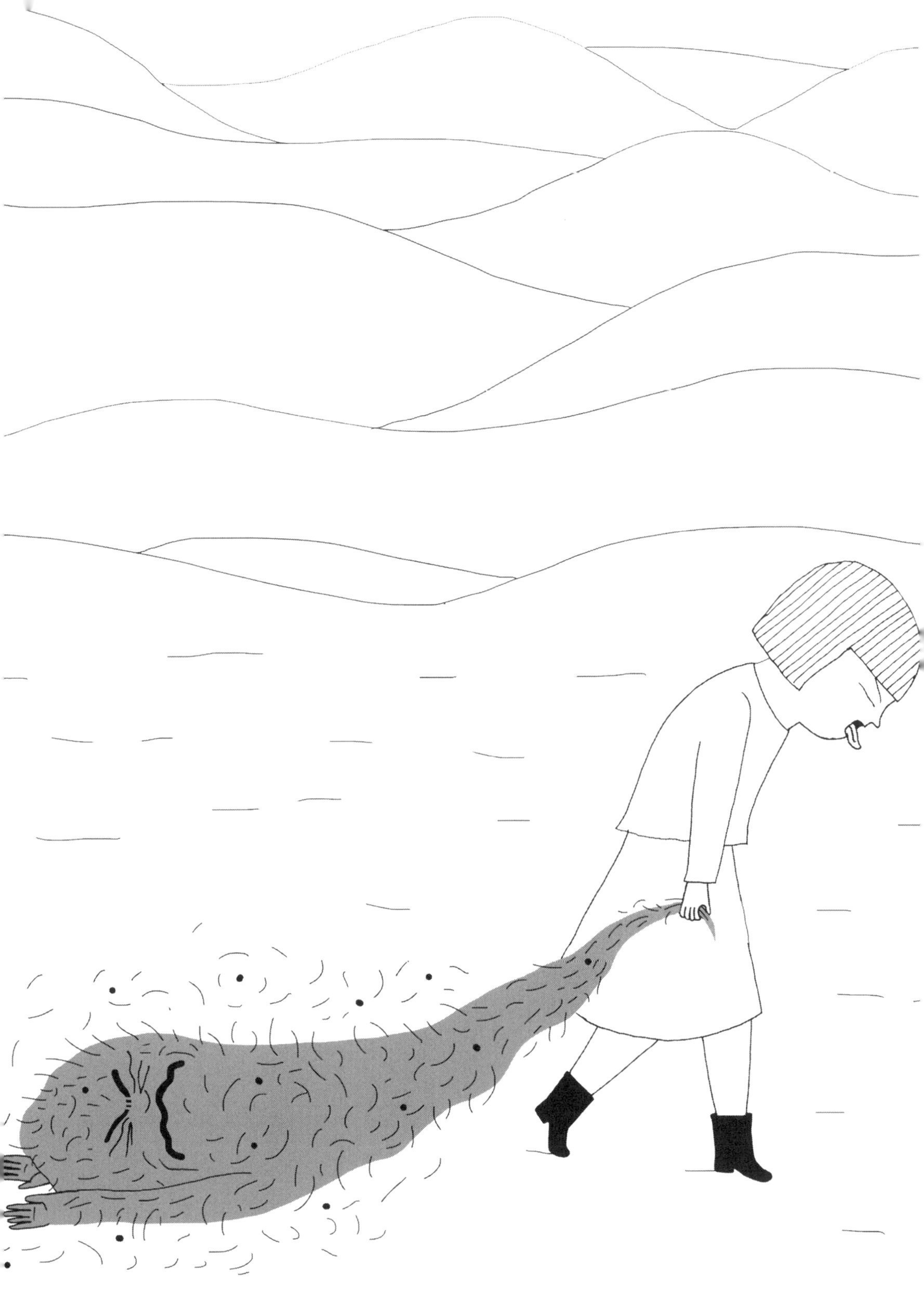

Mi necesidad de búsqueda me llevó a la meditación y tardé un año en obtener fruto.

Meditar me dio paz. Me enseñó a estar consciente, pero sobre todo calmaba mi actividad mental. A tener el ego bajo control y reconocerlo. A dejar atrás la oscuridad.

La meditación me ayudó a entender muchas más cosas, a saber escuchar, a ser paciente, a no cabrearme, a no estar triste.

Sobre todo a poner distancia entre las emociones y yo.

Lo difícil no es meditar, sino encontrar el momento para hacerlo.

Es como ducharse, lavarse los dientes o desayunar, hay que hacerlo cada día, funciona en la constancia.

*(**Conciencia:** Conocimiento que el ser humano tiene de su propia existencia, de sus estados y de sus actos. Responsablidad.)*

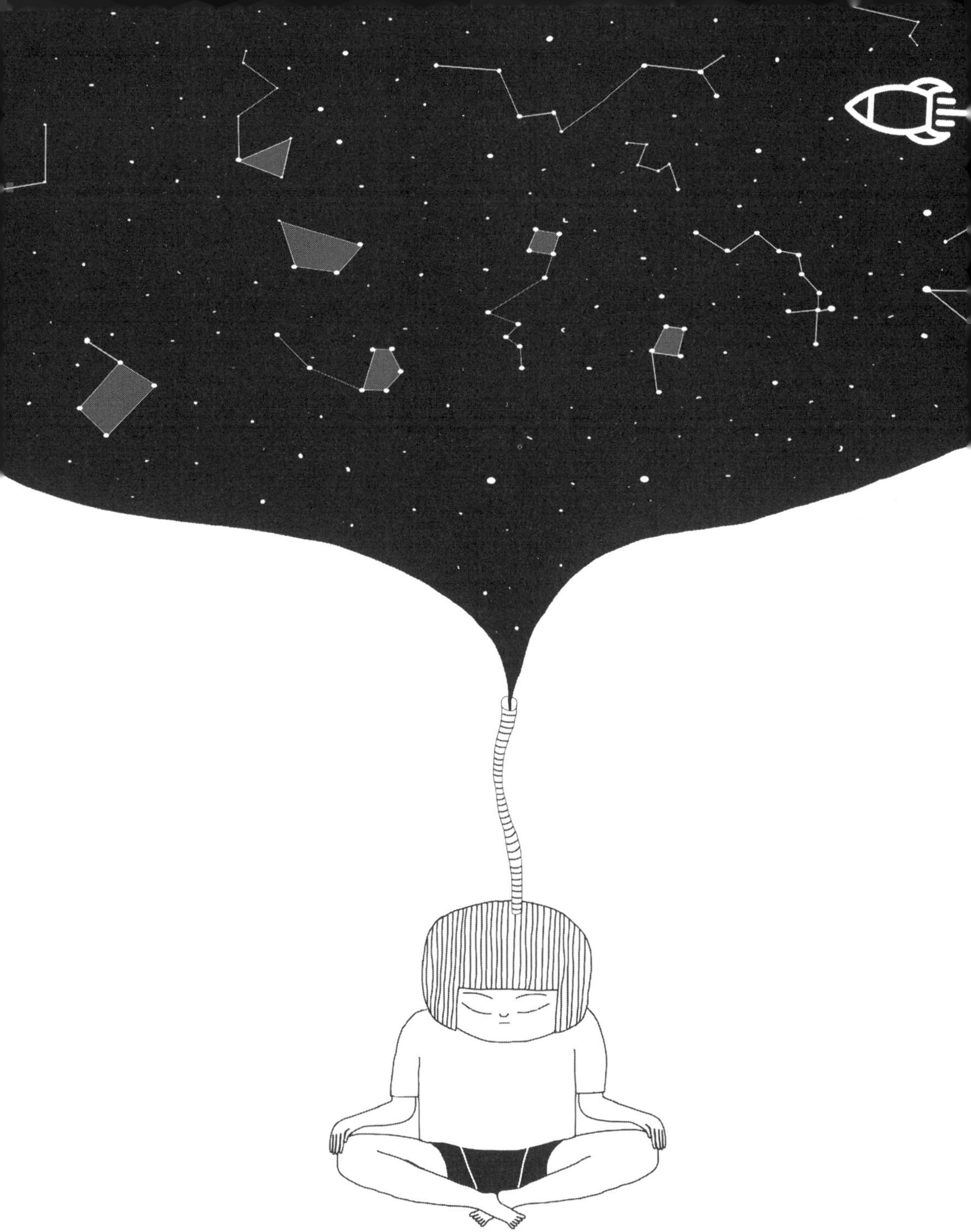

La meditación me ayuda a estar presente.

Estar presente es vivir en el momento cero, ser consciente en cada instante, poner plena atención en el aquí y el ahora.

He leído en algún lado que la ira y la tristeza son emociones que vienen del pasado. La ansiedad y el miedo son emociones que se construyen en el abismo del futuro. Y que la alegría es la única emoción que vive en el presente.

Ejercitarse en el momento cero.

*(**Alegría:** Sentimiento grato y vivo producido por un motivo placentero.)*

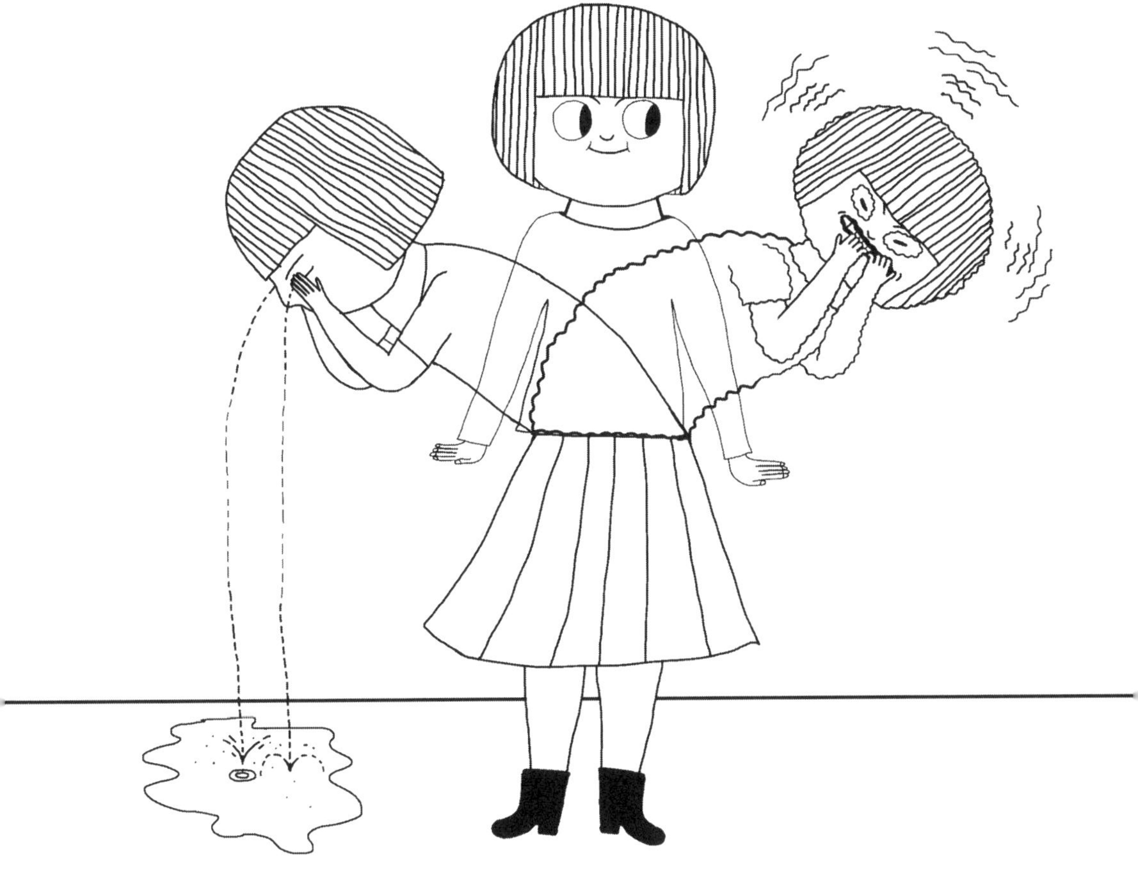

Aún sufro pequeños brotes que vienen sin avisar: los toreo de la manera más elegante y amable que me es posible. De la manera menos dolorosa.

He aprendido en este proceso a mirar la enfermedad desde otro punto de vista, mucho más amplio y quizá hasta generoso. A ser muy valiente, a no permitir que una enfermedad dé sentido a mi vida y a dar gracias porque tengo otra oportunidad de vivirla y ahora me parece un regalo.

FIN

*(**Fin:** Término, remate, extremo o consumación de una cosa.)*

Este libro ha sido ilustrado con la ayuda de testimonios, depresivos, doctores, científicos, terapeutas... es una biografía real construida por muchas voces distintas.

Papel certificado por el Forest Stewardship Council ®

MIXTO
Papel procedente de fuentes responsables
FSC® C117695

Primera edición: febrero de 2020

Travessera de Gràcia, 47-49. 08021 Barcelona

Printed in Spain — Impreso en España

ISBN: 978-84-17910-17-4
Depósito legal: B-22.542-2019

Maquetación: Ruxandra Duru

Impreso en Gráficas 94
Sant Quirze del Vallès (Barcelona)

RK 1 0 1 7 4

Penguin Random House Grupo Editorial